AF403124

MÉMOIRES SECRÈTS

D'UN

TAILLEUR

pour Dames

PAR

UNE FEMME MASQUÉE

Édition illustrée d'un frontispice à l'eau-forte et et de vingt-sept figures à mi-pages,

BRUXELLES

GAY ET DOUCÉ, ÉDITEURS

1880

Emffer 24

MÉMOIRES SECRETS

D'UN

TAILLEUR POUR DAMES

Tiré à 100 exemplaires sur papier de Hollande et 10 exemplaires
sur papier de Chine.

————

Exempl. N° 17

MEMOIRES SECRETS d'un
TAILLEUR pour DAMES
GAY et DOUCÉ
Editeurs
J. Chauvet
aqua forti

MEMOIRES SECRETS

D'UN

TAILLEUR

pour Dames

PAR

UNE FEMME MASQUÉE

Édition illustrée d'un frontispice à l'eau-forte et et de vingt-sept
figures à mi-pages,

BRUXELLES

GAY ET DOUCÉ, ÉDITEURS

1880

AVANT-PROPOS

Ceci n'est pas un pamphlet, ce sont des racontars de salons et de brasseries; quelques-uns, quoique fort connus, seraient infailliblement perdus si une dame titrée, qui fut aussi de cette société, n'eut entrepris de réunir en un volume ces historiettes qui ont été vécues et qui reflètent une des faces de la période impériale.

Tous les lecteurs qui ont connu le Second Empire, y retrouveront facile-

ment les caractères des personnages, sur lesquels l'éditeur a mis des noms d'emprunt.

Les vingt-sept figures n'offrent pas moins d'intérêt que le texte, pour l'interprétation piquante donnée par un artiste tout à fait étranger à ce monde.

Nous sommes convaincus que nos Mémoires secrets *obtiendront de la part du public un succès mérité.*

L'ONCLE TOTOR

DANS un petit salon de la rue du Helder, assis sur une de ces chaises appelées fumeuses, un jeune homme aux traits fatigués, aux cheveux déjà clair-semés, fumait en regardant tristement les spirales blanches que lançait en l'air sa cigarette.

« Dire que j'en suis à mon dernier louis !

Oui, certes ! Toto et Tata ont fait de rudes entailles à mon porte-monnaie ! Comment faire ?

» M'adresser à mon oncle Totor ? ah bien oui!... il a gagné sa fortune au bout de ses ciseaux, et comme c'est un homme sérieux, il me dirait qu'à mon âge, on ne donne pas aux femmes.

» Il est pratique l'oncle ; mais... comment faire ? Ah ! bah ! nous y penserons demain... »

Comme il disait cela, on frappa à la porte, il se leva ; un homme du télégraphe était devant lui :

— Monsieur, une dépêche ?

— Donnez....

Voilà ce qu'elle contenait :

« Oncle Victor, bien malade, venir de suite.... »

Boucler sa malle, sauter en voiture, prendre le premier train pour aller rejoindre son oncle dans le château qu'il occupait, cela fut bientôt fait.

Diable ! un oncle à succession !

. . . .

Le lendemain matin, Arthur Burt arrivait dans le château que son oncle Victor Burt s'était fait construire aux environs du Hâvre....

Le malade était un peu mieux et lorsqu'Arthur lui dit en arrivant :

— Vous avez une bonne figure, mon oncle, mais vous pouvez vous vanter de m'avoir fait une fière peur.

La large face de l'oncle Totor, s'épanouit, et attirant son neveu près de lui....

— Je me sens mieux, dans ce moment, mon enfant, c'est vrai, mais ce n'est pas pour longtemps, car mon docteur, que j'ai adjuré de dire la vérité à un vieil épicurien comme moi m'a dit que mon affaire était faite....

Dame aussi, mon garçon, j'ai bien vécu.

Courte et bonne, c'était ma devise. Je paye aujourd'hui ; tant pis, j'aime mieux cela que d'avoir traîné une vie ennuyeuse.

— Mais vous avez beaucoup travaillé aussi, cher oncle !

— Je le crois fichtre bien, c'est moi qui ai *inventé* le tailleur pour dames !

Elles étaient si contentes d'être habillées par moi les chères petites ! — Et le bonhomme fit claquer sa langue en prenant un air malicieux.

— Mais, mon oncle Totor, vous allez vous fatiguer, vous parlez trop !

— Non, mon beau neveu, cela me réjouit au contraire de te voir et de parler du passé.

Tu n'entendras plus longtemps ton vieil oncle ; laisse le donc rabâcher, et fais-toi servir à déjeuner, près de son lit, puisque l'on ne veut pas qu'il boive du Bordeaux : en te le voyant boire, il croira qu'il est encore à table avec toi. Il t'aurait bien tenu tête l'oncle Totor, mon gaillard !

En peu de mots, nous raconterons son histoire. L'oncle Totor, était venu de sa province, la Normandie, de bonne heure, mais, n'ayant pas les aptitudes de son frère le père d'Arthur, qui, élève de l'école centrale s'était fait ingénieur. Dans cette carrière il avait amassé plus de gloire que d'argent.

Mort jeune, il avait laissé à son fils une modeste fortune qu'Arthur s'était empressé de manger en deux ans.

L'oncle Totor, dis-je, était entré dans le commerce, puis après, dans une grande maison de confections, où il devint coupeur; puis, comme il avait beaucoup de goût, il fût appelé par ses patrons à la gérance de la maison.

Plus tard, ayant trouvé un associé anglais, il fonda une maison de couture pour les dames.

Il mit alors pompeusement cette enseigne sur son riche appartement du premier étage: *Burt et Cie, tailleurs pour dames.*

C'était nouveau ; Burt avait énormément de goût, tout Paris courut chez lui; c'est ainsi qu'en quelques années, Burt pût se séparer de son associé, après avoir amassé cinquante mille livres de rentes, et en avoir depensé autant en plaisirs et en bonne chère.

La guerre de 1870 étant arrivée, l'empire tombé, ses bonnes clientes s'en furent les unes à l'étranger, les autres ruinées se retirèrent du monde.

Alors le tailleur qui regrettait ses chères belles petites, ainsi qu'il nommait les clientes, vendit sa maison, se retira dans son château de Normandie pour y vivre dans la bonne chère, se proposant de faire venir son coquin de neveu, comme il l'appelait, de le marier, et de finir ses jours entre une bonne table et ses petits neveux....

Mais l'homme propose, et la... trop bonne vie indispose !.... toujours est-il, que l'oncle Totor en était à sa troisième attaque, quand on appela Arthur, et qu'il n'avait plus que quelques jours à vivre.

— Voyons, mon gredin de neveu, maintenant que tu as bien déjeuné, causons, veux-tu ?

— Ah ! mon oncle, avec plaisir.

— Je n'ai plus que quelques heures, quelques jours à vivre, si tu aimes mieux, (ne m'interromps pas) tu es mon seul héritier : je te laisse donc cinquante bonnes mille livres de rentes, plus ce château, mon mobilier, mon argenterie, et ma cave qui n'est pas à dédaigner.

Tout est à toi, sauf un paquet cacheté contenant 10,000 livres que je laisse à mon vieux caissier qui a connu toutes mes affaires et m'a aidé avec un grand dévouement.

Maintenant si tu veux faire plaisir à ton oncle Totor dans l'autre monde, tu publieras tel quel, un paquet de notes et d'histoires plaisantes que tu trouveras, dans mon secrétaire ; ce sont des mémoires et des anecdotes que je me suis amusé à recueillir sur mes chères belles petites ; fais cela en souvenir de ton vieil oncle... tu me le promets ?

— Ah ! oui, mon pauvre cher oncle ; mais vous ne mourrez pas !

— Chut, mon ami, c'est une affaire entre le médecin et moi.

Quelques jours après, l'oncle Totor mourait. Le temps donné à la douleur d'avoir perdu un parent, qu'en somme il aimait et qui lui laissait une belle fortune étant écoulé, Arthur reprit le chemin de Paris en emportant le fameux manuscrit.

Celui-ci contenait des anecdotes, des racontars, de tous les styles, de toutes les écritures. Arthur nous les envoya ainsi, en nous priant de les publier tels quels, pour obéir aux derniers vœux de l'oncle Totor.

SOUS UN PARAPLUIE

IL pleut, il pleut, bergère, retroussez vos jupons. . . . .

Ainsi , fredonnait entre ses dents, une jeune femme abritée sous une large porte cochère de la place Vendôme, tandis que la pluie fouettait les jambes des passants.

— Et pas de parapluie, ah! c'est du guignon! Au même instant, se réfugia sous la voûte qui la protégeait, un jeune homme qui était porteur, lui, du meuble désiré.

— Diantre! la jolie femme, dit-il, en

regardant sa voisine qui jetait un coup d'œil de son côté !

— Dieu ! le beau parapluie ! se dit celle-ci, voilà un homme heureux !

— Décidément, la pluie redouble, et pas une voiture ! à quoi donc pense le préfet de police ?

— Si c'est comme cela qu'il protège les habitants de la capitale ??... Enfin... Essayons toujours ! et relevant ses jupons d'une main, avec cette dextérité qui n'appartient qu'à la parisienne, elle essaya de franchir le fleuve, en laissant voir toutefois à notre jeune homme ravi, un petit pied fin, cambré, aux attaches délicates surmonté d'un mollet rebondi.

Mais une rafale nouvelle força bientôt l'oiseau mouillé à rentrer dans son abri.

Elle jeta un regard désolé autour d'elle, lorsque tout à coup, ce regard devint malicieux et se tournant vers le jeune homme comme si une idée venait de luire dans son esprit :

— Monsieur a un bien beau parapluie !

— Vous trouvez, madame ?

— C'est un parapluie de famille ?

— Oui, madame, il a abrité ma grand'mère et ses onze enfants.

— Alors, Monsieur, pour faire la douzaine offrez-m'en la moitié pour me conduire à une voiture !

— Au bout du monde, si vous voulez, Madame,

— Je n'en demande pas tant, partons, Monsieur?

— Partons, Mademoiselle !

, Et les voilà bras-dessus, bras-dessous, traversant les ruisseaux grossis, essayant d'éviter les flaques d'eau.

Le bras d'Emmanuel tremblait légèrement, c'est qu'aussi sa compagne était charmante ! de grands yeux noirs, pétillants d'esprit et de malice, de beaux cheveux bruns dont les petites boucles se jouant sur la nuque, donnaient le frisson rien qu'à les regarder, la taille, dont le mantelet collant lui démontrait les charmants secrets, un pied d'enfant, une main de duchesse, et une voix surtout, une voix d'un velouté, à faire rêver.

Elle paraissait environ 22 ans, sa toilette de cachemire noir, quoique modeste, était du meilleur goût, c'était la toilette de la femme du monde qui sort maquillée le matin, ou de la bourgeoise qui veut singer la femme du monde.

Emmanuel la regardait du coin de l'œil, et

priait la providence des amoureux de ne pas
trouver de fiacre.

Ils longèrent ainsi la rue Castiglione, la
place du Carrousel. Toujours pas de voiture!

— Maïs c'est désespérant, Monsieur, comment faire! Je ne peux pourtant pas rentrer
chez moi ainsi mouillée?

— Fiez-vous à moi, Madame; Madame?

— Marie, Monsieur.

— Eh bien, madame Marie, n'avez-vous
pas mon bras et mon parapluie?

— C'est vrai, Monsieur; le parapluie de
famille, n'est-ce pas?

Et la jeune fille de rire aux éclats, et
Emmanuel d'en faire autant. C'est si bon, le
rire de la jeunesse!

Permettez-moi maintenant de vous présenter mon héros. Emmanuel Loudan avait
26 ans, son père, riche propriétaire vinicole,
l'avait envoyé de bonne heure à Paris. Bachelier ès-lettres et ès-sciences à 17 ans, il
s'était présenté à St-Cyr; reçu un des premiers, il avait fait ses deux ans, puis,
dégouté de cette vie militaire, il suivit le
cours de droit, voulant embrasser la carrière
d'avocat qui, disait-il, conduit à tout. « Il
prévoyait l'avenir. » Petit, mais très élégant
de tournure, ses cheveux blonds, tout frisés,

rappelaient la toison d'un mouton, malgré cela ils étaient d'un doux, — d'un doux ! de grands yeux bleus un peu à fleur de tête, mais qui semblaient tout étonnés quand il mettait son pince-nez, car il était myope. Êtes-vous comme moi ? j'adore les myopes.

Mais ce qu'Emmanuel avait de ravissant, si on peut le dire d'un homme, c'était sa bouche, une bouche un peu grande il est vrai, mais des lèvres rouges comme du corail, des dents superbes, enfin comme disait une femme du quartier latin : *une bouche qui appelait le baiser.*

Avec cela un esprit d'une grande finesse, d'une gaîté inaltérable, bon camarade, joyeux convive, seulement sceptique, ne croyant pas à l'amour ni à l'amitié, mais cependant toujours disposé à rendre service aux amis, et à aimer la première belle qui voulait bien se laisser aimer; en somme, la coqueluche des filles du quartier.

Maintenant que je vous ai présenté le couple, allons les retrouver le long des quais, causant et riant, comme de vieux amis déjà.

— Mais où allons-nous maintenant, cher monsieur ?

— Au quartier, si vous le voulez bien ?

— Le quartier ! qu'est-ce que cela, mon Dieu !

— Pardon, Madame, mais on appelle ainsi le quartier latin, le quartier des étudiants, c'est-à-dire, depuis les quais jusqu'à la Sorbonne, le Luxembourg, etc., etc. — C'est là où loge votre serviteur.

— Eh bien Monsieur ! qu'allons-nous faire au quartier latin?

— Voyons, vous ne pouvez pas vous en aller ainsi, vos petits pieds sont tout mouillés, vous mener vous sécher dans un café, c'est impossible. — Acceptez donc l'hospitalité d'un camarade. Venez vous réchauffer dans mon modeste logement de garçon où vous serez respectée comme une sœur, je le jure!

— Vraiment ! aller chez vous, mais je ne sais si je dois. — Tant pis ! j'ai toujours eu envie de voir un logement de garçon, je me risque.

Ah ! à propos, Monsieur Emmanuel, quelle est votre profession ?

— Je fais mon droit, pour vous servir, Madame.

— C'est bien, allons, car je me reprocherais de faire abîmer davantage votre beau parapluie.

Elle est ravissante, se dit Emmanuel, mais

qui est-elle ? grisette, demoiselle de magasin, maîtresse de piano, enfin nous verrons bien!

On continua de longer les quais, le boulevard St-Michel, et arrivés en haut, en face le magnifique jardin du Luxembourg, le jeune homme s'arrêta.

— Nous voici arrivés, Madame, si vous voulez me suivre, c'est bien haut, je vous en préviens.

, — Cela m'est égal, Monsieur, j'irai au cinquième s'il le faut.

— Ah! Madame, mon rude escalier avec vous sera le chemin du Paradis.

— C'est banal, ce que je dis là, pensa Emmanuel, mais bah, elle n'est peut-être pas habituée à beaucoup mieux.

Enfin, nous voici arrivés.

Emmanuel fit entrer la jolie fille dans un petit salon, puis roulant un fauteuil devant la cheminée. Il la fit asseoir et se mit en devoir d'allumer le feu.

Au bout d'un instant le bois lança ses joyeuses étincelles.

— Chauffez vos petits pieds, chère Madame! Vraiment ils doivent être glacés, et l'étudiant prenant un tabouret l'approcha de la jeune femme aux pieds de laquelle il s'agenouilla.

— Que faites-vous, Monsieur !

— Vous le voyez, je me chauffe.

Tiens, vous avez des cigarettes; passez-m'en une ?

— Allons, se dit l'étudiant, ce ne sera pas aussi difficile que je le craignais.

Pendant ce temps, Marie, en digne fille d'Eve, jetait un regard curieux autour d'elle.

Le petit salon, ou plutôt, le cabinet d'Emmanuel Loudan, car il servait à ces deux usages, était ce que sont en général les logements d'étudiants aisés. — Deux petites pièces au 5me étage. Ce qui le rendait charmant, c'est que les fenêtres s'ouvraient sur un grand balcon d'où l'on planait sur le jardin du Luxembourg, dont les feuilles jaunissantes faisaient en tombant comme un tapis doré qui entourait les arbres effeuillés. Dans un coin, une bibliothèque remplie de livres de droit, de science, puis les œuvres de Victor Hugo, de Musset, de Balzac, auteurs préférés d'Emmanuel. Un bureau encombré de papiers devant la fenêtre, en face un de ces canapés (où on est si bien à deux), quelques fauteuils, des chaises, et au milieu un guéridon qui servait parfois de table à manger, complétaient l'ameublement modeste du jeune homme.

Sur le mur, des plâtres d'après l'antique, des photographies, quelques beaux vases de faïence, vieux Rouen, Delft, Strasbourg, etc., posés sur des encoignures, attendaient les fleurs auxquelles ils semblaient destinés; puis, ce qui amusa beaucoup Marie, un immense ratelier contenant des pipes de toutes les grandeurs, de toutes les dimensions.

— Comment, vous fumez la pipe? Fi, c'est bien laid, Monsieur.

— Non, chère Marie, je ne fume que la cigarette, comme celle que vous tenez dans vos jolis doigts roses. Ces pipes appartiennent à mes amis qui viennent une fois par semaine les fumer ici. Mais j'y pense, chère enfant, il est midi, vous devez avoir faim, et vous ne pouvez penser à partir maintenant. Voyez, la pluie tombe à flots, et le pavé sera mouillé encore longtemps. Voulez-vous accepter le déjeuner sans façon d'un camarade?

Marie inclina la tête sans répondre, mais son regard disait oui. En un instant, Emmanuel était à la porte, se faisant un porte-voix de ses deux mains réunies : madame Émile, madame Émile, montez, s'il vous plaît.

— Voilà, voilà, Monsieur.

— Madame Émile, allez vite me chercher à déjeuner chez Foyot : un perdreau truffé, du poisson, du vin de bordeaux ou de champagne, enfin, un fin repas pour deux.

— Pour deux, Monsieur Emmanuel ! c'est bon ; compris.

— Monsieur Emmanuel, dit une voix qui partait de la pièce à côté, n'oubliez pas les huîtres et le châblis.

— Décidément, elle va bien, se dit le jeune homme, ce ne sera pas un siége long à faire ; qui diable peut-elle être ? Bah ! une demoiselle de magasin en rupture de comptoir. En tout cas, elle est ravissante et tu es un heureux coquin, mon ami Emmanuel.

Puis le jeune homme rentra dans le petit salon et se glissant sur le tabouret, aux pieds de la jeune femme, prit ses mains qu'il enserra dans les siennes et lui dit : « Nous n'avons plus qu'un peu de patience à avoir ; en attendant, causons, chère belle, voulez-vous ? »

De quoi peuvent parler une jolie femme et un joli garçon ? d'amour, bien certainement ; c'est ce que firent nos deux héros, tant et si bien qu'ils avaient presque oublié le déjeuner lorsque madame Émile rentra pour dresser le couvert.

— C'est inutile, madame Émile, je le mettrai bien moi-même, posez là les plats, et laissez-nous (elle est ennuyeuse cette femme)....

De son côté, Marie Bargny se disait : « Je m'amuse beaucoup, mais beaucoup, on ne m'a jamais parlé comme cela, c'est bien plus intéressant que les déclarations de Messieurs les secrétaires d'Ambassade, et de tous les jeunes beaux du High-life.

On déjeuna gaiement, on fit tellement honneur aux vins de la veuve Clicquot que, quand trois heures sonnèrent à la pendule du petit salon , Marie était assise sur les genoux d'Emmanuel, qui lui disait d'une voix suppliante : « Ah ! reste encore, mon ange, reste... »

. . . .

Mais, tout bonheur a une fin, et la nuit arrivant, il fallut se quitter.

— Déjà ! dit Emmanuel !

— Sans doute, mon ami, je ne suis restée que trop longtemps, mais si vous voulez me promettre d'être bien sage, de ne pas me suivre, car si vous cherchez à me connaître, je disparaîtrai et vous n'entendrez jamais parler de moi ; si vous me le jurez...

— Je le jure !

— Et bien, je vous jure aussi moi, de revenir.

— Bientôt ?

— Bientôt.

— Demain ?

— Demain.

— C'est bien loin demain... Encore un instant ! Encore un baiser ! Veux-tu ?

Et le jeune homme la serrait passionné·· ment dans ses bras.

— Voyons, mon Emmanuel, il faut nous quitter, à demain, à demain.

La jeune femme esquissa de ses jolis doigts un baiser à l'adresse de son ami, et s'élança sur l'escalier.

Lorsque le jeune homme revint à lui, elle était déjà loin.

Il se jeta dans le fauteuil qu'elle avait occupé, et la tête dans ses mains, il songea.

A quoi songeait-il ?

Mariette revint le lendemain. Emmanuel avait paré sa chambre pour son idole, il était devenu amoureux fou de la jeune femme, lui le sceptique, l'incrédule, il aimait donc enfin, qui ? une inconnue, mais aussi, quelle grâce ! quel esprit piquant...

C'est bien vite, me direz-vous ; mais le

coup de foudre ! ne croyez-vous pas au coup de foudre ? parbleu, j'y crois bien moi !

Elle revint tous les jours, chaque jour aussi, Emmanuel inventait pour elle de nouveaux serments, de nouvelles tendresses, et les attentions les plus délicates entouraient la jeune fée qui l'avait ainsi changé.

Le petit salon était devenu un boudoir, fleurs et objets d'art remplaçaient les vilaines pipes et le désordre de l'étudiant ; son ange aimé eut-il pu porter ses regards sur ces vilains objets, et ses petits pieds eussent-ils pu fouler autre chose que des tapis ? S'il eut osé, il l'eut portée dans ses bras pour descendre l'escalier.

Aussi le cœur lui battait-il bien fort quand il entendait dans le corridor le toc-toc de ses petites bottines et le coup discret qu'elle frappait à sa porte.

— Peut-on entrer ? disait une douce voix, Emmanuel se levait comme un fou, courait à la porte, enlevait dans ses bras son cher trésor qu'il asseyait dans le grand fauteuil, puis se coulant doucement jusqu'à ses pieds, l'entourant de ses deux bras, il la regardait fiévreusement, passionnément.

— Tu m'aimes toujours, n'est-ce pas ?

— Oui ; et toi ?...

Et ils répétaient à qui mieux mieux ce vieux duo d'amour, toujours nouveau pour ceux qui aiment.

Marie faisait raconter à son jeune amant sa vie, son passé, ses travaux, ce qu'il comptait faire.

— Mais, t'aimer toujours mon ange. Passer ma vie à tes genoux....

— Grand enfant, tu sais bien que cela ne se peut pas ?

— Pourquoi, si tu m'aimes, ne serais-tu pas ma femme ? mon père est riche va, quand il saura combien je t'aime il ne demandera pas mieux, quoiqu'il ait combiné de me faire épouser ma cousine Anastasie.

— Anastasie ? quel drôle de nom !

— Et si tu la voyais, c'est bien plus drôle encore!... Quelle différence auprès de toi, mon trésor adoré. Ah! dévoile-moi ce mystère dont tu t'entoures, sois mienne aux yeux de tous, veux-tu ?

— Non, pauvre enfant, tu me demandes là une chose impossible, je te l'ai déjà dit, fit-elle.

— Serais-tu mariée, mon Dieu ?

— Non, mon ami, non ; mais ne parlons plus de cela, jouis du moment et ne pense pas à l'avenir.

La coquette tendit ses lèvres à son amant qui la pressa contre son cœur en oubliant dans cette douce étreinte le reste du monde.

Les heures s'écoulent vite entre deux amoureux, aussi Emmanuel trouvait-il que Marie, qui pourtant venait passer quelques heures tous les jours près de lui, était bien avare de son temps.

C'est qu'il ne remarquait pas, que parfois de légers bâillements venaient contracter la jolie bouche de sa maîtresse et qu'elle cherchait mille prétextes pour partir plus vite.

Un jour qu'elle regardait le plafond avec une fixité qui n'était pas flatteuse pour notre jeune amoureux, d'une pièce à côté, le son d'un piano se fit entendre, l'artiste jouait le *Miserere du Trovatore*. — Mariette se leva, mue comme par un ressort, et se dégageant des bras d'Emmanuel ;

— Qui joue-là ? demanda-t-elle.

— Je ne sais, un voisin, sans doute, mais reviens près de moi, ma bien aimée.

— Tout à l'heure, dit-elle d'un ton bref, taisez-vous.

Puis d'une voix de contralto pleine et sonore, elle entonna le chant de Léonore, avec le talent d'une artiste consommée.

Le jeune homme ébahi la contemplait.

Qu'elle était belle ainsi! Sa figure s'était illuminée! ses yeux s'éclairaient! on sentait l'âme d'une grande artiste battre dans ce corsage.

— Qui es-tu donc, mon Dieu? demanda Emmanuel, quand le morceau fut fini et que tout fut retombé dans le silence.

— Cela ne vous regarde pas, Monsieur, fit-elle, en le menaçant du doigt, contentez-vous de m'aimer et de me le prouver, voilà votre rôle à vous.

Allons, Emmanuel, il est tard, encore un baiser et à demain . . . .

. . . .

Le lendemain elle revint plus tard qu'à l'ordinaire et portait une oreille inattentive aux propos d'amours que lui prodiguait son amant.

— Qu'a-t-elle? se demandait celui-ci, comme elle est froide...

Marie, de son côté se disait: « Ah ! mais je ne m'amuse plus du tout, mais du tout! il m'ennuie avec ses tendresses perpétuelles, j'en ai assez, il commence à ressembler aux autres.

Et elle restait froide, glacée, aux caresses de feu du jeune homme qui, fou, désespéré, se roulait à ses pieds en la suppliant de lui dire ce qui l'attristait.

— Je n'ai rien, mon ami, je n'ai rien, malheureusement...

Puis un beau jour, Emmanuel l'attendit en vain, elle ne revint plus, l'oiseau volage s'était échappé.

Le jeune homme ne pouvait croire à cette réalité.

— Elle est malade bien sur ! ma Marie bien aimée ne m'aurait pas abandonnée ainsi. Et ne savoir ni comment elle se nommait, ni où elle demeurait ? c'était à en perdre la tête, il se reprochait de ne pas lui avoir désobéi, de ne pas avoir cherché à pénétrer le mystère : « Imbécile, se disait-il, il fallait la suivre, tu es malheureux par ta faute. »

Il s'absorbait dans son chagrin, s'entourant de ce qu'elle avait touché, pensant toujours qu'il allait entendre le coup discret de celle qu'il aimait, le cher toc-toc de ses petits souliers.

Mais rien, rien, c'était à devenir fou !

— Un soir il se dit : « Il faut la chercher. Ah ! dussé-je parcourir tout Paris chaque jour, je la trouverai, je la veux ! »

Il courut toutes les promenades, les Tuileries, les Champs-Elysées, rien ?

— C'est peut-être une artiste ? pensa-t-il, et comme la saison des fêtes était arrivée, il visita tous les théâtres, les concerts, rien, rien !!!...

— Peut-être avais-je raison? était-ce une demoiselle de magasin avec une âme d'artiste, une anomalie, voilà tout. Et il courut encore les magasins de nouveautés, de modes, et visita tous les couturiers, les couturières ; rien. Puis se rabattit sur les cafés-concerts, les bals publics, avec une rage nouvelle, toujours la même déception !

Enfin, brisé, anéanti, pleurant son amour envolé, Emmanuel dont la santé s'était altérée allait se décider à aller passer un mois en Bourgogne près de son père, se promettant à son retour de recommencer de nouvelles recherches, lorsqu'un de ses amis vint le voir.

— Tu seras donc toujours fou, lui dit-il, pour Dieu ! laisse un peu tranquille le souvenir de ta belle inconnue, amuse-toi.

— M'amuser ? dit Emmanuel avec un sourire amer, puis-je encore m'amuser ?

— Certes oui ! aussi pour hâter ta guérison, je t'emmène avec moi demain au bal des Tuileries, j'ai deux cartes d'invitation.

— Mais, mon ami !

— Il n'y a pas de mais mon ami, c'est décidé, je t'emmène...

Emmanuel se laissa conduire, mais comme

un homme qui fait un grand sacrifice. Que lui importait ce monde élégant, il n'y verrait pas sa bien aimée...

A onze heures, les deux amis firent leur entrée.

— Regarde, mon bon, les jolies femmes, les ravissantes toilettes, les beaux diamants sur les blanches épaules.

— Que m'importe, Marie n'est pas là.

— A la fin, tu m'ennuies avec ta Marie, aussi je te laisse à tes noires réflexions et je vais voir ce qui cause ce mouvement à l'entrée du salon !

— L'arrivée d'une des reines de la mode sans doute ?

— Ah ! la délicieuse personne ! vois-donc Emmanuel, cette jeune femme brune, avec sa robe à traîne en satin blanc, vois-tu ? celle qui donne le bras à ce vieux monsieur tout chamarré de décorations.

Emmanuel voyait bien, lui aussi, car il était devenu excessivement pâle.

— C'est elle, mon ami, c'est elle, Mariette...

— Marie ! es-tu fou ?

— Non, non, mon ami, crois-tu qu'entre toutes je ne la reconnaitrais pas ? ah ! mon cœur bat à me briser la poitrine...

— Je te dis que tu rêves, Emmanuel ! Pardon, monsieur, dit-il à son voisin : « Quelle est cette jeune femme à qui on fait une entrée digne d'une reine? »

— Vous ne la connaissez pas, monsieur, c'est la femme du docteur Bruno, ce vieux monsieur qui lui donne le bras. — Elle est pourtant bien connue à Paris pour son beau talent de cantatrice, bien rare chez une femme du monde, d'ailleurs elle passe pour un peu excentrique, aussi voyez quelle foule d'adorateurs l'entourent.

— Entends-tu, Emmanuel, ce que dit monsieur ?

Mais le jeune homme était déjà bien loin, il s'était précipité dans le petit salon où venait d'entrer la comtesse qui avait quitté le bras de son mari, et s'était assise pour donner audience à ses nombreux courtisans. Il n'y avait donc qu'à le suivre pour empêcher, si faire se pouvait, un scandale qui devenait imminent.

La foule qui barrait la porte empêchait d'arriver jusqu'à Emmanuel, qui, se frayant un passage auprès de la jeune femme, seule depuis un instant, s'approcha d'elle :

— Marie, Marie, enfin c'est vous, je vous retrouve, je vous revois plus belle encore, si c'est possible ; que j'ai souffert, mon Dieu !

qu'avais-je fait pour cela ? mais vous voilà, tout est oublié !

— Pardon, monsieur, c'est à moi que vous parlez, vous vous trompez sans doute.

— Ah Marie, pourquoi me faire tant de mal, ne me reconnais-tu pas ? moi, ton Emmanuel, ne te souviens-tu plus de notre chère petite chambre et de nos beaux jours du boulevard St-Michel.

— Mais, monsieur, c'est une erreur, je n'ai pas l'honneur de vous connaître, je ne vous ai jamais vu.

— Vous, tu ne me connais pas, balbutia le jeune homme...

— Il faut que cela finisse, dit la comtesse. Vicomte, fit-elle, en appelant du bout de son éventail un chambellan qui passait, débarrassez-moi donc de ce monsieur qui prétend me connaître et que je n'ai jamais vu ; il me prend pour une de ses anciennes passions, je crois, ce petit monsieur ! C'est bien drôle, n'est-ce pas ? et elle riait en montrant ses belles dents.

— Je vous serais obligé de sortir, monsieur, dit le chambellan ; ou, sans cela, je serais forcé de recourir à des procédés qui me seraient désagréables, ajouta-t-il en voyant les yeux menaçants d'Emmanuel.

— Viens, viens, Emmanuel, dit son ami qui enfin avait pu se frayer un passage près de lui : ne résiste pas, laisse là cette femme qui ne mérite que ton mépris. — Viens, l'avenir te vengera.

Et il entraîna le jeune homme presque fou de désespoir.

.   .   .   .

Quelques jours après, Emmanuel partit pour retrouver son père. Après quelques mois il reprit un peu de calme, et revint à Paris continuer ses études. L'image de Marie s'effaça peu à peu de son esprit, mais cette désillusion avait imprimé un caractère sérieux à sa vie. Il fut reçu avocat et, comme cette histoire se passait quelques années avant la guerre, il devint à cette époque, un des hommes qui marquèrent le plus.

Aujourd'hui, il est marié, père de jolis enfants, et occupe une grande situation politique. Si son ami quelquefois lui parle du souvenir de ses amours.

— Ah ! oui, c'est vrai, répond-il, mais c'est si loin, si loin !!!!

Quant à elle, son mari est mort, leur fortune est partie avec l'Empire, elle donne des leçons de chant à l'étranger.

Emmanuel est vengé!!!

LE CIEL DE LIT
DE Mme DE WISBERG

TIENS, une voiture qui s'arrête devant
le château !

Comte, allez donc voir qui nous
arrive. Vous permettez, M. le Curé !

— Ma chère Comtesse, c'est votre amie
Mme de Wisberg.

— Entrez donc, ma toute belle, comme
vous devenez rare :

Et les deux dames de s'embrasser à qui
mieux mieux, à tel point que le Curé regar-

dait tout attendri, admirant cette fraternité féminine.

— Nous parlions de vous quand vous êtes arrivée, chère belle.

— Ah !

— Mais à propos, comment se porte votre mari.

— Pas très bien, ma chère.

— Ce n'est pas comme le Comte, dans ce cas, il va trop bien, lui; n'est-ce pas, mauvais sujet ? Il mange comme quatre, boit de même et court à travers champs toute la journée. Aussi il se porte comme un charme malgré ses cinquante ans sonnés; mais revenons à M. de Wisberg.

Nous espérons qu'il pourra venir diner au château dimanche. M. le Curé sera des nôtres, il serait trop peiné de ne pas le rencontrer.

— Vous êtes trop bonne, ma chère, mon mari voudra, j'en suis certaine.

— Allons, tant mieux. Ne partez pas encore, M. le Curé. Diane est de la maison et comme j'ai de grands reproches à lui adresser, je le ferai en votre présence. Figurez-vous que cette chère amie qui peint comme un ange (il faudra lui demander une sainte pour notre église, M. le Curé), m'a fait cadeau d'un déli-

cieux petit tableau, un clair de lune des plus
charmants. Mais M. le Comte, qui, pourtant, est un amateur de peinture, n'a pas
voulu placer ce tableau dans la galerie sous
prétexte que le jour ne tombe pas directement
dessus.

— Ah !

— C'est ainsi, ma chère, mais à propos,
ôtez donc votre chapeau et votre manteau.
Ayez la bonté de monter dans la galerie avec
le Comte, d'y choisir vous même une place
et de lui prouver qu'il n'y entend rien du
tout. Quant à nous, M. le Curé, nous conti-
nuerons à causer de notre église.

— A vos ordres, Madame.

— Voulez-vous accepter mon bras, Madame ?

— Volontiers, cher Comte. (*Exeunt.*)

Voilà que tout à coup, au détour que fait le
salon en se reliant à l'antichambre, le Comte
serre le bras de sa compagne et lui dit *mezza
voce*.

— Enfin, te voilà donc, chère Diane, comme
tu as été longtemps sans venir, méchante !
Sais-tu bien que j'allais tous les jours comme
un amoureux de vingt ans, errer le long de
la villa, mais comme sœur Anne, je ne voyais
rien venir. Il était donc malade, ton imbécile

de mari? Ah! que je regrette Paris, nous y étions libres au moins!

Diane souriait.

Elle était flattée de ces propos amoureux. Elle oubliait qu'elle avait atteint la quarantaine et lui la cinquantaine.

— Allons à la Galerie, Edgard!

Mais pour aller à la Galerie, il fallait traverser les bâtiments.

Dans l'autre aile du château se trouvait une chambre bleue tendue à la Pompadour, qui donnait d'un côté sur l'aile et de l'autre sur un petit escalier dérobé dans une tourelle. Cette chambre, nos amoureux la connaissaient bien.

Le Comte, qui pensait à toute autre chose qu'au tableau de la Galerie, pria, supplia tant et si bien que la belle oublia le Clair de lune et se rendit aux instances de son galant.

Ils étaient en train... de parler politique, je crois? lorsqu'ils entendirent grincer les serrures.

La clef était pourtant bien en dedans.

— Rassure-toi, ma chère, il n'y a pas de danger.

Et Monsieur continuait à prouver à Madame que la peinture est une belle chose. Tout à coup, le bruit redouble.

Cette fois du côté de la tourelle.

Le grincement d'une clef rouillée se fait entendre de nouveau.

Edgard et Diane voulurent se lever précipitamment, mais dans leur ardeur, ils ne s'étaient pas aperçu que les rideaux ne tenaient pas solidement.

Au moment où la porte s'ouvrait, patatras ! le ciel de lit tombait et enfouissait Monsieur et Madame qui gigotaient, gigotaient encore, gigotaient toujours, et ne pouvaient sortir de cet amas d'étoffes.

Il fallut que Joseph, le vieux domestique, car c'était lui, vint au devant de son noble maître pour le tirer de cette affreuse position et l'aider à remettre le vêtement que les Anglaises n'osent pas nommer.

De son côté, Monsieur rabattait le vêtement léger de Madame, vêtement qui laissait voir des formes, ma foi, très séduisantes.

Voici ce qui était arrivé :

Joseph, en faisant le matin une tournée dans le château, s'était aperçu que le ciel de lit de cette chambre ne tenait plus guères, et il s'était promis de venir le consolider dans la journée. Trouvant la porte fermée, il avait cru avoir laissé par mégarde la clef en dedans. Puis, s'étant souvenu du petit escalier par lequel on ne montait jamais, il avait été chercher dans un trousseau de clefs rouillées une de celles qu'il croyait pouvoir ouvrir cette petite porte.

C'est ainsi qu'il avait fait tomber le ciel sur nos deux amoureux.

La belle amie de la Comtesse ayant rajusté son désordre retourne au salon où elle assure que le tableau avait trouvé sa place. Elle continue à parler bonnes œuvres avec le Curé et la châtelaine et cela avec une émotion édifiante.

Le Comte de Recht qui connaissait le dévouement du vieux domestique sortit tout rassuré de la chambre bleue.

Mais il avait compté sans son hôte; il possédait un sacripant de fils âgé de vingt et un ans qu'il sermonnait sans cesse et auquel il parlait toujours du danger que lui feraient courir les femmes, en usant sa bourse et sa santé.

Joseph aimait son maître, mais il adorait M. Jean, comme il l'appelait.

Celui-ci après le départ de son père, voyant l'escalier ouvert grimpa et trouva le domestique occupé à réparer le désordre.

— Que fais-tu là, Joseph?

— Monsieur Jean... et la figure du bonhomme s'épanouissait au souvenir du tableau charmant qu'il avait vu sans monter à la galerie.

— Mon petit Joseph, il y a quelque chose, conte moi cela vîte... vîte.

Et Joseph, en dépit des promesses faites au Comte, raconta tout.

— Ah! Monsieur mon père, vous me faites des sermons, vous me refusez cinquante louis dont j'ai besoin, et vous... nous verrons bien...

Le dimanche suivant, grand dîner au château.

Le Curé, le Maire, la belle Diane accompagnée cette fois de son mari, un long sec avec des lunettes bleues!

Et au dessert, la gaîté ayant montré son visage, la comtesse s'adressa à Jean qui, à chaque instant, riait aux éclats.

— Qu'as-tu donc? mon enfant, tu es bien gai ce soir.

— Oui, chère Maman, c'est une histoire bien drôle, si vous saviez, et le jeune fou de rire encore davantage.

— C'est donc très comique, eh bien! contez-nous ça.

— Oh je n'oserai jamais, surtout devant M. le Curé.

— Bah! dit M. de Wisberg, contez-nous celà en gazant.

— Oui, gazez, gazez!

— Vous le voulez, eh bien! soit : Il y avait une fois un ciel de lit.

— Bravo! un ciel de lit! continuez, continuez! Le Comte regarda Diane qui rougissait sous son maquillage, puis son fils qui riait.

— Jean, tais-toi; dit-il, et pas d'histoires inconvenantes devant ces dames.

— Mais laissez-le continuer, mon ami, il ne dira rien d'inconvenant, soyez en sûr.

— Oui, oui, dit le mari de Diane, laissez le continuer, l'eau m'en vient à la bouche. (Mari va!)

Passons au salon, et il continuera son épopée.

Dans le mouvement qu'on fit pour quitter la salle à manger, le Comte s'approcha furtivement de son fils.

— Je vous défends de continuer, fit-il.

— Ah! papa, mes cinquante louis ou je continue.

— Non, Monsieur, jamais!

— Soit, Mesdames et Messieurs, le ciel de lit dont j'ai eu l'honneur de vous parler était...

Mme de Wisberg, prête à se trouver mal, jetait des regards suppliants sur son Edgard, qui enfin dit à demi voix : « je cède, tu es un affreux chenapan, tu auras les cinquante louis, mais tu me le paieras, ajouta-t-il mentalement. »

— Eh bien! eh bien! Jean, l'histoire! l'histoire !

— Mesdames et Messieurs, par respect pour les personnes honorables de cette honorable société, nous avons l'honneur de vous annoncer la suite au prochain numéro. Sur ce, pendant que M. le Curé va faire son whist, nous allons danser.

Et prenant la taille de la belle Diane.

— Valsons, voulez-vous?

— Ah ! méchant, vous m'avez fait une peur... vous vous tairez, n'est-pas?

— Oui, mais à une condition.

— Laquelle?

— C'est que moi aussi j'irai voir la galerie avec vous, mais sans le ciel de lit par exemple.

Est-ce assez régence, pensait-il en lui-même, prendre à papa cinquante louis et sa femme par-dessus le marché.

Et M. de Wisberg de dire :

— C'était une scie, n'est-ce pas, mon ami, que tu nous montais là ?

— Vous l'avez deviné, M. le Baron.

— C'était une scie carabinée!

— Tiens, le Mari qui a fréquenté aussi les ateliers de peinture.

LES PETITS SOULIERS
DE COCHONNETTE

’ÉTAIT un beau lendemain de ces
bals costumés légendaires des
Tuileries où chacun avait sa chacune.

Cochonnette y avait eu un succès inouï de
beauté, sa toilette d’un goût exquis avait
demandé des veillées insensées au couturier
qu’elle connaissait tant et si bien, l’habile
Burth.

Le lendemain, les yeux un peu fatigués du
bal de la veille, la marquise Cochonnette était

dans un boudoir, attenant à son cabinet de toilette avec un de ces élégants comme on en trouvait seulement en l'an de grâce 1869.

Sur les meubles étaient étalés jupons et falbalas, paniers et perruques, enfin tout l'attirail que comportait le costume porté la veille.

Dans un coin, sur un de ces fauteuils paresseux et voluptueux qu'on a appelé crapauds (je ne sais pourquoi, par exemple) reposait délicatement une paire de petits souliers, mignons à faire rêver. Cochonnette a de tout petits pieds et en est fort glorieuse. Ces souliers en satin blanc, à hauts talons rouges, brodés de soie et d'or, avaient l'air d'appeler leur maîtresse et de lui dire : chausse-nous encore, et allons danser !

Le jeune beau, reportait ses regards, de leur maîtresse à ces ravissantes mules, et semblait être de leur avis.

Tout d'un coup un valet surgit.

— Madame la Marquise, la femme de chambre de madame la comtesse de Poncei est chargée d'une lettre pour madame la marquise et elle ne veut la remettre qu'à elle même.

— C'est bien, j'y vais. Vous permettez, n'est-ce pas ?

Le jeune homme resté seul fit le tour du boudoir regardant la toilette déposée, faisant des rêves charmants ; mais comme la jeune femme se faisait attendre, il se mit à fureter, regardant partout ; il aperçut sous une portière une porte dissimulée; l'ouvrir et regarder fut l'histoire d'un instant. C'était le cabinet de Cochonnette. Pommades, odeurs, brûle-parfum, enfin tout ce qui comporte le cabinet d'une petite maîtresse, et dans un coin obscur, un meuble en forme de guitare, meuble dont le nom seul fait rougir les anglaises. L'inspecter du regard et franchir la porte fut aussi vite fait que pensé.

Tout à coup, du bruit se fait entendre dans le corridor. Notre jeune homme qui, en admiration devant les souliers ne les avait pas quittés, craignant de laisser voir qu'il les tenait à la main, les cache dans le dit meuble, baisse le couvercle et se sauve dans le boudoir ; et quand la marquise rentra, elle trouva la porte refermée et le jeune homme regardant les tableaux.

— Je vous ai fait attendre longtemps, n'est-ce pas, cher ? Excusez-moi, me voici.

Cette histoire se passait dans le commencement du carnaval.

A la Mi-carême, la comtesse Waleski

donnait un bal costumé à la Présidence.

Cochonnette avait remis son costume Watteau à la prière de tous ses amis.

Seulement, elle avait des souliers de satin rose brodés de perles et à hauts talons dorés.

Notre jeune connaissance du boudoir l'aborde.

— Vraiment, Marquise ! vous êtes encore plus ravissante que de coutume, mais vous avez commis un crime de lèse-coquetterie, pourquoi ne pas avoir mis ces petits souliers en satin blanc, si coquets, dignes de chausser Cendrillon.

— Pourquoi ! Ah voilà ; mon bon, ma femme de chambre est si négligente que depuis le bal des Tuileries nous n'avons jamais pu les retrouver.... Je vous laisse à deviner la tête de Monsieur.

Il comprit seulement alors une des raisons de ce surnom de Cochonnette. Nous disons une des raisons, car il y en avait d'autres !..·.

NOTE SUR LA GUITARE :

Note des *Entretiens ou amusements sérieux et comiques* par M. de Fontenelle, de l'Académie Française, publié à Amsterdam, 1713, tome I, page 348.

Partout le beau sexe se distingue par la recherche de la propreté ; chez les Anglaises, elle fait le plus bel ornement de leur parure : on prétend cependant, que ce n'est pas sans raison que l'ambassadeur Carracioli disait que si les femmes en Angleterre étaient plus propres devant les hommes, elles l'étaient davantage en France devant Dieu. Ce qu'il y a de certain c'est qu'on ne fait que d'introduire en Angleterre, un meuble qu'on regarde en France, non comme tenant aux affectations du luxe, et de la noblesse, mais comme nécessaire à la propreté.

Un noble émigré pour se procurer des ressources, imagina de se faire fabricant de ce meuble, qui de long-temps n'aura de nom en Angleterre.

Il lui donna la forme de boîte comme à ceux qu'on destine pour le voyage. Cette précaution en facilita le débit. Il avait pris pour devise, ces mots du Spectateur : « La propreté est la mère nourrice de l'amour ».

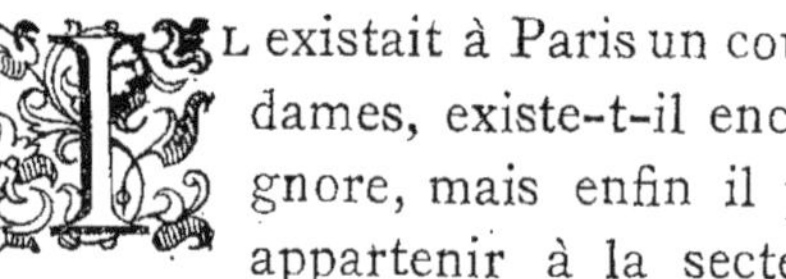

IL existait à Paris un couturier pour dames, existe-t-il encore ? je l'ignore, mais enfin il passait pour appartenir à la secte, que l'on trouvait et que l'on trouve encore dans les buen-retiro des Champs-Elysées.

Il était toujours mis admirablement, portait Malines ou point d'Angleterre en jabot ; de longues manchettes en dentelles aussi, lui tombaient sur les mains blanches, ornées d'une quantité de bagues de toutes sortes.

Sa cravate était de soie claire, ou quelquefois en mousseline festonnée et brodée; sa figure sans barbe ressemblait à celle d'une femme et avec cela une voix douce, mais douce ! aussi avait-il une clientèle très choisie. J'ai connu une vieille dame contrefaite qui se faisait habiller par lui parce que, en essayant ses corsages, il lui pinçait la taille d'une façon qui la chatouillait agréablement. Ce diable d'homme avait tous les vices, aussi commandait-elle robes sur robes,.... tant pis pour le mari qui allait avec des habits tapés !.... mais cela nous éloigne du bain de la comtesse, vous allez me dire ? Quel rapport y a-t-il entre un couturier et un bain ? Attendez, vous allez voir !

Mme de Piotti qui passait à bon titre pour une femme des mieux faites de Paris, un corps taillé dans du marbre rose et ciselé par le ciseau des sculpteurs antiques ! Madame de Piotti prenait donc un bain, de ces bains de coquettes, remplis de parfum, de lait d'iris enfin de tout ce qui fait que la peau se conserve belle, même après les fatigues d'une nuit de bal.

Elle éprouvait ce moment de bien-être que l'on ressent en laissant ses membres reposer dans l'eau bienfaisante et rêvait au costume nouveau qu'elle recevrait pour le prochain bal de l'ambassade Ottomane.

Ne fallait-il pas être belle entre les belles, pour ce pays des bayadères.

Il est vrai qu'elle était splendidement belle la comtesse ! C'est ce qu'elle disait en se servant d'une petite glace à main pour regarder son beau corps se réflétant dans l'eau....

Tout d'un coup, sa femme de chambre fait irruption dans la salle de bain.

— Madame, il y a un monsieur qui veut vous parler.

— C'est impossible, Madeleine, vous voyez que je suis dans le bain.

— Je le sais bien, madame, et c'est ce que je lui ai répondu.

— Eh bien retournez, et dites qu'il repasse.

La soubrette revint quelques instants après.

— Mais, madame, ce monsieur ne veut pas s'en aller, il dit que madame sera contente de ce qu'il lui apporte et qu'elle peut le recevoir quand même.

— Allez, Madeleine, dites à cet homme que s'il ne part pas je le ferai chasser par mes gens ; c'est insupportable, on ne peut pas se reposer, je suis sûre que je serai laide à faire peur cet après-midi.

Au bout d'une minute, la soubrette reparaît.

— Encore vous, Madeleine ! mais vous êtes donc folle !

— Madame, c'est toujours ce monsieur, il dit qu'en disant son nom à madame, elle le recevra.

La comtesse furieuse était debout, nue comme la nature dans sa baignoire de marbre blanc.

Les gouttelettes d'eau glissaient sur son corps de marbre comme des perles parfumées, et l'heureux mortel qui eût assisté à cette scène serait devenu amoureux à l'instant de ces seins d'ivoire, de ces hanches rebondies, de ces jambes longues fortes et fines à la fois.

— Eh bien comment s'appelle-t-il ? fit notre coquette en se replongeant dans sa baignoire de marbre blanc.

— Il s'appelle George, le couturier.

— Ah ! bon... c'est différent, dit la jeune femme en riant comme une folle, faites entrer, Madeleine ; pour celui-là, il n'y a pas de danger, c'est une.... sœur.'

✢✢✢✢✢✢✢✢✢✢✢

LE MÉDAILLON

U N jour j'étais dans mon cabinet, occupé à créer, à éditer quelques toilettes pour des élégantes qui devaient les porter à un bal de la Cour, et ne voulaient qu'aucune se ressemblât, ce qui n'était pas une petite affaire, quand ma première vint à moi, et me dit : Vîte, vîte, Monsieur, Mme de Zayska veut vous parler et elle est très-pressée.

— Mademoiselle, vous voyez bien que je suis en train de composer, et fis-je d'un air digne, quand je compose on ne me dérange pas, vous le savez bien.

— Ah Monsieur, c'est que Madame de Zayska est si pâle que je crains qu'il ne lui soit arrivé un malheur.

— C'est bien, je vous suis, et je me dirigeai le plus noblement que je pus vers le petit salon où m'attendait Mme de Zayska. La pose dans le commerce produit toujours un résultat sàtisfaisant, cela donne l'air affairé d'un grand négociant surchargé d'occupations.

Mais lorsque je fus entré dans la pièce, mes grands airs tombèrent de suite en voyant la jeune femme affaissée sur un fauteuil et si pâle qu'on eut dit une morte.

— Mon cher Burt, me dit-elle, je viens vous décommander la toilette que vous deviez me faire pour samedi, je n'irai pas au bal.

— Mais pourquoi, Madame, je vous avais. créé un costume des plus ravissants, une merveille, enfin, et vous eussiez été si jolie sous ces effets de dentelles.

— Je n'ai plus besoin d'être jolie, dit-elle en poussant un profond soupir.

— Mon Dieu, Madame, une femme a toujours besoin d'être belle, ne fut-ce que pour faire enrager les autres femmes.

— C'est que je suis bien malheureuse, mon pauvre Burt.

— Eh bien! chère Madame, à tout malheur il y a remède.

— Pas à celui-là, certes.

— Ah! ma chère cliente, si je pouvais vous être utile à quelque chose, disposez de moi.

— Vrai! et la figure de la jeune femme s'éclaira comme si une idée souriante venait de luire.

— Venez demain matin me voir, Burt, et je vous conterai tout ; alors vous verrez si vous pouvez m'être utile.

— A demain alors, madame.

— A demain.

Le jour suivant je me rendis chez Madame de Zayska et voici ce qu'elle me raconta :

« Vous le savez, mon cher couturier, je fus mariée fort jeune à M. de Zayska, qui était beaucoup plus âgé que moi ; mes parents, comme cela se fait ordinairement, ne se préoccupèrent ni de la différence d'âge ni de la différence de goût. M. de Zayska était un homme honorable, il jouissait d'une belle fortune, là dans le monde est le bonheur, donc on me maria.

» Quoique M. de Zayska n'eut pas les mêmes goûts que moi, il fut le meilleur des époux et quoique je m'avouasse tout bas que j'eusse préféré un jeune mari qui m'apportât moins de fortune mais un amour plus jeune, je ne pus me plaindre de celui dont je portais le nom.

» Après quelques années remplies d'un calme plat, M. de Zayska mourut; je me trouvai veuve à 25 ans, ayant une fortune bien nette, bien acquise, et alors je voulus vivre à mon goût. Peut-être, me disais-je, aimerais-je et serais-je aimée, là est le vrai bonheur. Le temps de mon deuil écoulé, je rentrai dans le monde, je courus les bals, les fêtes, je devins comme vous le savez, et grâce à vous, mon cher Burt, une femme à la mode. Cela amusait mon esprit, mais non mon cœur et j'étais relativement heureuse, lorsqu'un jour je rencontrai le comte Raphaël de Noirac.

» Je n'ai pas besoin de vous faire son portrait, car l'homme aimé est toujours, aux yeux de celle qui lui appartient, l'homme le plus beau de la création. Je ne vous parlerai seulement que de son exquise distinction qui en faisait un gentilhomme accompli. Attaché d'ambassade, quoique peu riche, il avait tout ce que pouvait désirer une femme exigeante.

» Nous nous aimâmes : Je me croyais aimée à la folie, et, entraînée par cette passion que je croyais sincère et aussi un peu par les sens qu'excitaient ce jeune amour, un jour, je ne sais encore comment cela se fit, je cédai. Je devins la maîtresse du comte.

» Le mariage entre nous, fut décidé, mais nous convînmes de tenir ce projet secret, Raphaël voulant être nommé à une ambassade avant de présenter sa femme.

» J'étais endormie dans cet amour, j'étais folle de joie et de bonheur, enfin, je vivais, lorsqu'il y a trois jours, ah! soirée maudite, on annonce à neuf heures du soir, chez moi, le comte Raphaël.

» Je ne l'attendais qu'à onze heures, lorsque mes domestiques se seraient retirés, un pressentiment douloureux me serra le cœur; je courus au devant de lui, je le vis calme et froid, sa figure avait une expression que je ne lui avais jamais vue.

— Qu'as-tu, lui dis-je à demi voix?

— Passons chez vous, Madame, nous avons à causer; et le voilà me conduisant dans mon boudoir avec un calme glacial.

— Ma chère, me dit-il, quand je me fus assise, je ne sais comment commencer ce que j'ai à vous dire, mais, comme vous êtes femme d'esprit, vous me comprendrez à demi mot, et ferez la moitié du chemin.

» Je ne répondis pas, un froid me passait dans tout le corps, je m'inclinai seulement... voici le fait.

— Vous savez que ce que j'ambitionne le plus au monde, c'est le poste de secrétaire d'ambassade; depuis longtemps je le sollicite vainement, et être seulement attaché, c'est désolant; dans ce moment, il y a une situation à donner à l'ambassade de Portugal, mais, me dit le ministre auquel j'en parlais, il ne faut pas y songer; car l'ambassadeur, tient à ce que cette place soit réservée à celui qui deviendra son gendre, afin qu'il ne se sépare pas de sa fille qu'il tient à garder près de lui... J'avais songé à vous, mon cher, mais si j'en crois certains bruits, vous avez pris des engagements envers Mme de Zayska et . . .

— Mais, Monseigneur, c'est une erreur, j'assure à votre Excellence qu'il n'y a jamais eu de projets de mariage entre Mme de Zayska et moi; d'ailleurs, elle est trop raisonnable pour vouloir entraver mon avenir, je suis donc libre, tout à fait libre.

—C'est bien, me dit le ministre, je vous crois; comme nom, comme situation, vous conviendrez très bien; j'en parlerai au père.

— Et voilà, ma chère enfant, comment il

se fait que j'épouse dans huit jours la fille de l'ambassadeur.

» Que répondre? Je tremblais comme une feuille et je ne trouvai que ces mots : Est-ce vrai? Est-ce vrai ?

— Mais oui, c'est vrai, vous devez comprendre Marguerite, combien ce sacrifice m'est pénible; mais mon avenir en dépend.

» A ce moment une réaction s'empara de moi et me levant.

— Il sera fait ainsi que vous le désirez. Adieu, Monsieur, et je lui indiquai la porte.

» A chaque instant, je croyais qu'il allait se retourner, courir à moi, m'enlacer de ses bras, et me demander pardon, en me jurant, qu'il renonçait à tout plutôt qu'à moi; il n'en fut rien... Il partit...

» Le lendemain, quoique brisée, je réfléchis qu'il avait un médaillon renfermant mon portrait et, ne voulant pas que sa femme pût un jour le trouver et sourire en me regardant, je lui écrivis pour le réclamer ; voici sa réponse :

» Quand on a eu une aussi jolie maîtresse, il est assez dur de s'en séparer pour qu'au moins on garde son image, *j'ai le médaillon, je le garde.* »

» Comprenez-vous le lâche ? »

Je me grattai le front, que faire ?

Je ne pouvais pourtant pas laisser ainsi ma jolie cliente dans l'embarras. Moi qui avais vu tant de choses, ne pourrais-je trouver un truc pour cela ? Certes, oui !

— Voyons, chère Madame, lui dis-je, me promettez-vous si je vous rapporte ce fameux médaillon de vous consoler, et de ne plus penser à un homme qui ne mérite que votre mépris.

— Oui, M. Burt, je vous le jure.

— Eh bien ! ma belle cliente, dans huit jours, vous mettrez la toilette de bal que je vous fais, et vous aurez votre fameux médaillon.

Je quittai Mme de Zayska un peu inquiet, je vous l'avoue, du moyen de tenir ma promesse ; mais bast, il le fallait, et j'appelai à mon aide les vieux moyens de comédie qui réussissent toujours quoiqu'on en dise.

Je savais que le comte Raphaël ne me connaissait pas, je pouvais donc pénétrer jusqu'à lui.

Lui demander le bijou en question, il m'eut fait jeter à la porte.

Il fallait donc agir de ruse, c'est ce que je fis.

Mme de Zayska m'avait appris que le Comte

avait renvoyé son valet de chambre, confident de sa liaison avec elle.

Une idée me vint, j'endossai un costume de valet de chambre, habit noir, culotte noire, et me donnant à moi-même un certificat, je me présentai chez lui comme sortant de la maison Burt.

— Vous savez votre métier, me dit-il ?

— Oh ! oui, Monsieur, car M. Burt n'était pas facile à servir.

— Je veux surtout de la discrétion.

— Monsieur le Comte doit bien penser, qu'ayant été deux ans chez le célèbre couturier, c'est une qualité qui ne me manque pas.

— C'est bien, je vais vous faire voir votre ouvrage. Voici le salon, la chambre à coucher.

Dans cette pièce, je vis avec joie accroché au mur sur un cadre de velours le médaillon qui contenait le portrait de Mme de Zayska.

— Comment vous nomme-t-on ?

— Félix, Monsieur le Comte.

— Eh bien Félix, vous me convenez, quand pourrez-vous entrer ?

— Tout de suite, si Monsieur le Comte le désire, je demanderai à M. le Comte la permission d'aller cet après-midi chercher mes effets.

— Soit.

Et me voilà un plumeau à la main, époussetant, essuyant. Enfin le Comte sortit, et je pus mettre la main sur le médaillon que je mis dans ma poche.

Je quittai la maison à mon tour, laissant sur la cheminée le petit billet suivant :

« Monsieur le Comte,

» Mon valet de chambre, c'était moi, je » reprends le médaillon que vous savez, pour » le rendre à sa légitime propriétaire ; remer- » ciez-moi, car je vous ai épargné une lâ- » cheté.

» J'ai l'honneur de vous saluer.

» BURT. »

Voilà ce que je reçus du Comte, ces simples mots :

« Merci.

» Comte Raphaël. »

Mme de Zayska est allée au bal, toute resplendissante, sous son costume de dentelles.

Le Comte Raphaël avait le cœur serré, mais il s'est marié : L'argent avant tout.

Aujourd'hui, il plaide en séparation.

LES SEPT AMANTS DE LA BARONNE

A baronne avait sept amants, sept amants! oui, tout autant, elle avait du goût pour le septennat, d'ailleurs, elle était dame de charité.

C'était une petite femme blonde, mince, et quoique jouissant d'une quarantaine d'années, avec ses cheveux bouclés, ses robes à la vierge, on l'eût prise pour la sœur de ses filles, car elle avait trois filles. — Trois filles et sept amants me direz-vous? C'est beaucoup !

Pas trop pour ce qu'elle en faisait, vous allez voir, c'était une femme pratique.

Le mari, bon provincial, gros, gras, et bête, était le petit chien de madame, il faisait ses commissions, portait son ombrelle, son livre de messe, *et s'en allait toujours à propos*.

L'amant en titre, Don José Cornacos, était un espagnol brésilien âgé de quarante et quelques années, qui avait fait sa fortune dans les sucres et les cacaos. Très infatué de sa personne, très grand, très brun, très fort én couleur, avec un accent très prononcé ; n'admettant pas que personne répliquât quand il parlait, il ne pliait que devant la baronne dont il était fou et dont il payait le luxe, les chevaux, la toilette ; enfin il entretenait jusqu'au mari, car il faut bien le dire, la chère dame n'avait qu'une très petite fortune, sept à huit mille francs de rentes, je crois, et une modeste terre en Bretagne.

Le deuxième heureux, était un beau graveur.

Les mauvaises langues du quartier disaient avoir vu, lorsque les grandes chaleurs étaient accablantes, le beau Georges étendu dans sa chambre, *nu comme Hassan*, et près de lui une femme en blanc, le lorgnon à la main, examinant, avec l'allure d'un connaisseur, les formes sculpturales du graveur.

Celui-là, qui était le préféré (un gaillard disait-on), n'avait que son burin pour vivre. Comme il était très élégant, avait toujours quelques louis en poche, on supposait qu'il mangeait aussi du chocolat de l'Espagnol.

La baronne était si pieuse, et faisait si souvent des visites de charité à ce pauvre isolé !

Le numéro trois était, dit-on, le curé de la paroisse... mais chut ! c'est probablement une méchanceté. La baronne était dévote, elle quêtait à la porte de l'église, et quel mal y avait-il lorsqu'elle rapportait son butin que l'on embrassât les blanches mains qui avaient si bien porté *la bourse*.

La baronne eut pu couler des jours heureux, s'il n'y avait eu un point noir dans son existence... Ses filles, qu'en faire ? l'aînée, Laure, était déjà trop grande pour rester en pension ; la faire revenir était impossible. Que dirait Don José et le beau graveur ? La marier était bien difficile, sans dot ! Je l'ai dit, la dame n'était pas riche.

— Enfin le ciel viendra à mon secours, se dit-elle en levant ses beaux yeux vers lui.

Comme l'été était venu, que Don José était

allé faire un voyage pour ses denrées colo-
niales, elle prit courageusement son parti,
dit adieu à son bel Hassan, alla demander
la tendre bénédiction de M. le curé, retira sa
fille de pension, puis, accompagnée de son
mari, tout fier d'être enfin seul avec sa femme,
partit pour la Bretagne.

Arrivés dans leur terre, il fallut se mettre
en quête d'un mari.

— Les provinciaux sont des imbéciles, se
disait-elle ; — oui ! mais là comme ailleurs on
ne veut pas de femme sans dot.

Le mariage n'est-il pas une prostitution
constante ? Deux dots, deux positions qui
s'accouplent, et non pas deux êtres qui
s'aiment et ne font qu'un.

Elle s'était si souvent vue *ne faire qu'un*, la
baronne !

Enfin, après avoir appelé son mari qui
commmençait à regretter Don José — et ses
bons dîners, — elle l'envoya voir différents
voisins pour les inviter au château. Mais cela
fut inutile ; pas un parti possible pour Laure,
qui était une grande fille simple, sans coquetterie, à qui cela était bien égal de se marier
avec n'importe quel hobereau, pourvu qu'on
ne la tourmentât pas pour s'habiller et aller
dans le monde.

La baronne commençait à croire que ses prières au ciel ne seraient pas exaucées, lorsqu'un jour une famille du voisinage lui demanda la permission de lui présenter un de ses amis qui, botaniste enragé, était venu au pays des bruyères pour y chercher des simples.

Des simples ! se dit la baronne, voilà qui fera bien l'affaire de Laure. Elle accepta la présentation en y ajoutant une invitation à dîner pour toute la famille le lendemain et, au jour dit, Xavier de Xaintes fut présenté et reçu avec le plus charmant sourire.

La baronne, avec sa bonne grâce ordinaire, s'empressa de lui montrer combien la Bretagne est riche en fleurs de toutes espèces.

Les voilà explorant les bois, les champs et les montagnes.

Madame était ravissante avec sa robe de toile, son chapeau de paille, son grand bâton ferré, ses petites guêtres de cuir montant au genou, pour la préserver des morsures des couleuvres.

Ils herborisèrent si bien, qu'à force de chercher Jusquiame et Belladone, Madame prouva à Monsieur qu'il y avait des fleurs aussi agréables à récolter que celles qui poussent sur le sol.

Oui, mais tout cela n'amenait pas le mariage de Laure.

La baronne était femme d'esprit, elle devait repartir pour Paris, elle prouva par A plus B à l'amateur de simples que Laure était la femme qui lui convenait, qu'elle l'aimerait toujours... de loin. Elle l'entortilla si bien, que notre botaniste se laissa convaincre. Un mois après, comme il avait une fortune très convenable, il épousa Laure, l'emmena en Bourgogne étudier la vigne, se jurant bien de ne pas mettre les pieds dans la capitale.

Et d'une.....

Madame revint à Paris où Don José était de retour. Quant au graveur, il avait bien souffert de cette absence prolongée de la dame de ses pensées; elle n'aimait donc plus les statues antiques! Il était si furieux qu'il fallut bien l'apaiser en lui faisant visite sur visite, et lui prouver qu'on aimait mieux les plantes cultivées que les simples fleurs des champs. Madame reprit donc son train de vie ordinaire, sans oublier toutefois sa constante préoccupation : le mariage de sa seconde fille.

Elle fut servie à souhait; dans un salon bien *pensant* elle rencontra un jeune homme, tout frais émoulu du séminaire, qui faisait ses premiers pas dans le monde. Elle l'attira chez elle, obtint ses confidences et apprit avec stupéfaction qu'il était encore dans le même état que lorsqu'il vint au monde. Vierge! me direz-vous? ce n'est pas possible à 26 ans! Et pourtant il l'était! Aussi, jugez quel excitant pour la baronne! Goûtons d'abord de ce fruit inculte, nous verrons après. Elle lui prouva bien vite que s'il ne connaissait lès femmes que par le mal qu'en dit saint Augustin, il se trompait, car Dieu veut qu'on l'adore dans sa créature!... Elle lui donna tant et si bien des leçons de tendresse amoureuse, que notre jeune homme adopta cette devise : *Putto per l'amore!* Voyez-vous, quand ces puceaux ont tâté de l'amour, ils sont pires que les autres. Aussi remerciait-il, à tous les instants, la providence qui lui avait donné ces joies ineffables avec cet ange des cieux. Il vivait ainsi, partageant son temps entre ses pratiques religieuses et sa divinité terrestre, sans penser à l'avenir, lorque la réalité vint le frapper d'un coup épouvantable.

La baronne, elle, pensant que l'éducation de notre jeune innocent était terminée, qu'il fallait en finir, prépara le *coup* de la fin.

Un jour Sosthènes, arrivant chez elle, la trouva comme d'habitude penchée sur le métier où elle brodait une étole pour son curé, mais ses yeux étaient rouges et elle les tenait constamment baissés.

— Qu'avez-vous? lui dit-il.

— Rien, mais il faut que je vous parle, j'irai ce soir chez vous, attendez-moi.

Le soir venu, Sosthènes, que les mots et surtout les yeux rougis de sa bien aimée avaient effrayé, attendait impatiemment que la pendule sonnât huit heures, l'heure du rendez-vous.

Enfin la baronne arriva, tout de noir habillée, et se jetant dans les bras du bénet :

— Mon chéri, nous sommes perdus. Mon mari sait tout!

— Ton... ton ma... ma... ri?

— Oui, mon ami, mon mari! qui a pu nous trahir?... Je l'ignore? mais je prévois les plus grands malheurs, il nous tuera...

— Oh mon Dieu! que faire ?

— Écoute, j'ai trouvé un moyen, mais d'abord, m'aimes-tu, mon Sosthènes?

— Si je t'aime? mais plus que tout au monde!

— Es-tu capable d'un grand sacrifice pour me sauver ?

— Parle, parle, ma bien-aimée !

— Eh bien, il faut épouser ma fille Isaure.

— Impossible !… répond Sosthènes éperdu.

— Mais si, car c'est le seul moyen de détourner la colère de mon mari ; d'ailleurs, tu m'aimeras toujours, toujours, n'est-ce pas ?

Et elle se roulait dans ses bras avec des mouvements de chatte amoureuse. Comment résister à ces beaux yeux en pleurs, à ces formes voluptueuses ?

Ils passèrent deux heures à se consoler, sur l'autel des amours, et le lendemain Sosthènes, aussi tout de noir habillé, comme pour un enterrement, alla demander la main d'Isaure, qu'il épousa. Puis il repartit pour sa province avec sa jeune femme en bénissant sa belle-mère dont il mêla toujours le nom à ses prières.

Et de deux !

Restait la troisième, mais celle-là, Marguerite, était bien jeune, on avait le temps d'y penser ; d'ailleurs, elle avait un petit caractère entier, qui ne serait pas commode ; elle voudrait se marier à son goût, elle n'aurait certes pas accepté le botaniste ou le disciple de Saint-Augustin.

— Mais bah ! elle n'a que seize ans, jusqu'à 18 ou 19 nous avons le temps d'y penser.

Et la baronne reprit le cours de ses pieuses occupations.

Au milieu de l'hiver, dans un bal officiel, elle remarqua un jeune officier qui la regardait.

Quelques instants après, Don José, qu'elle était parvenue à faire inviter, s'approcha d'elle, tenant par la main le beau garçon qui la contemplait il n'y avait qu'un instant.

— Chère Madame, permettez-moi de vous présenter le comte de C..., capitaine aux Cent-Gardes, qui sollicite de vous la faveur d'une valse.

Un signe de tête servit d'acquiescement et les danseurs partirent voluptueusement enlacés. Que dirai-je?

Le capitaine devint bien vite un des adorateurs servants de la baronne, mais au contraire des autres, sa flamme paraissait toute platonique, aussi Madame enrageait-elle à plaisir! On ne l'avait pas habituée à cela; elle s'en vengeait sur le bel Hassan, qui travaillait sans trève ni repos.

Elle trompait ainsi son impatience, comptant bien que le bel indifférent deviendrait un jour plus pressant, mais il se contentait de si peu, le barbare...

Enfin, un jour, le capitaine arriva chez elle, elle était seule pour quelques instants.

— Madame, il faut que je vous parle, il faut en finir, je vous aime, je vous adore, je ne puis vivre ainsi, il faut que vous m'accordiez un rendez-vous.

— Un rendez-vous, minauda-t-elle, en baissant les yeux. Enfin, se disait-elle, il y vient.

Mais, mon ami, que me demandez-vous là.

— Écoutez, dit le capitaine, je suis tellement désespéré que, si vous ne venez demain me trouver à l'hôtel de....., je me brûle la cervelle !...

— Grand Dieu! J'irai.

C'est un moyen usé, se disait le capitaine en frisant sa moustache; mais, ma foi, qui veut la fin veut les moyens, et il s'éloigna en fredonnant un air d'opéra-bouffe.

Le lendemain, à deux heures, la baronne enveloppée d'un cachemire, la figure couverte d'un voile épais, arriva toute radieuse chez le beau capitaine.

Il l'attendait, et au lieu de l'empressement passionné avec lequel elle espérait être reçue elle lui trouva un air froid et sarcastique qui la troubla.

Il la conduisit à un fauteuil, puis prenant une chaise, s'assit à côté d'elle.

— Je vous dois maintenant l'explication de ma conduite, j'aime votre fille Marguerite.

— Ma fille! balbutia-t-elle.

— Oui, Marguerite, que je connais depuis un an, car elle est l'amie de ma sœur qui est au même couvent qu'elle.

Je savais que pour obtenir sa main, il fallait plaire à sa mère, non pas comme gendre, mais comme amant. C'est ce que j'ai tâché de faire. Donnez-la moi?

— Jamais, misérable!

— C'est ce que nous allons voir, chère belle, si vous ne consentez pas à ce que je veux, comme je suis décidé à tout, je vous mets dans mon lit, je fais entrer Don José, je ne parle pas du baron qui l'accompagne, il ne compte pas, et je leur prouve la fidélité de leur aimable amie...

— Lâche! lâche! Dire que je l'aimais.

— Enfin, ma belle, voyons, consentez-vous?

— Il le faut bien, grinça-t-elle.

— Entrez, messieurs, je vous ai priés de venir chez moi pour entendre le consentement que madame la baronne veut bien donner à mon mariage avec sa fille Marguerite.

— C'était donc pour cela, dit Don José, ouff! j'ai eu peur! Eh bien, capitaine, puisque la baronne consent, je donne 50,000 fr. à Marguerite, et j'en suis quitte à bon marché, pensa-t-il; j'aime mieux cela que d'être trompé.

Le baron était aux anges, sa fille mariée à un capitaine restant à Paris, quelle bonne vie on allait mener.

Les trois filles de la baronne étaient mariées; elle n'avait donc plus rien à faire, elle reprit sa vie habituelle avec son mari, Don José, son directeur et le bel Hassan, en leur donnant de temps en temps un substitut comme collaborateur.

Maintenant qu'elle n'a plus personne de sa famille à marier, elle marie les jeunes filles de ses amies; et souvent se charge des essais.

C'est une femme si charitable que la baronne! elle ne renoncera à pratiquer cette vertu chrétienne qu'avec la vie, ou lorsque l'âge aura éteint les feux ardents qui la dévorent. Mais ce ne sera pas de sitôt!...

COMMENT ON PAIE
SA NOTE

ETTE anecdote était écrite de la main de Burth lui-même.

« Depuis longtemps déjà une idée me fermentait dans ce qu'on est convenu d'appeler le cerveau.

» Être, pour un moment, le sigisbé d'une de mes belles petites.

» Leur faire une déclaration, — elles auraient ri... ou se seraient fâchées.

» Il fallait préparer mon coup de longue

main, c'est ce que je fis, avec une patience digne de Méphisto.

» J'avais jeté mon dévolu sur la préférée de mes clientes : — La belle marquise Cochonnette.

» Une marquise!... Je m'en pourléchais les babines!...

» Mais voudrait-elle!...

» Bah! la coquetterie, l'amour de la toilette, sont de puissants auxiliaires.

» Je laissai monter... mais monter la note de la jolie femme.

» Lorsque nous fûmes arrivés au chiffre de soixante mille francs... une bagatelle, — je présentai la facture.

» Impossible de me solder.

» Ni le père, ni le mari, ne voudraient entendre parler de cette somme exorbitante.

» Comment la payer ?

» Je hasardai ma proposition :

» Le madère aidant, — j'avais pris soin de faire apporter dans le petit salon un de ces flacons qui contiennent le soleil des tropiques dans leurs flancs.

» La marquise qui avait commencé par accueillir ma proposition avec un ricanement décourageant finit par grignoter plus médita-

tivement les gâteaux qu'elle humectait du vin
de couleur topaze brûlée.

» Elle en arriva à se tourner gracieusement
vers moi :

— Vrai, Burth, vous me donneriez quittance ?

— Vrai, parole de gentilhomme, dis-je, en
dérobant un baiser.

— Hum, dans ce cas-là... peut-être...
pour une fois.

. . . .

« Nous nous tînmes religieusement parole
tous deux.

» Cependant, je ne pus m'empêcher de
m'écrier :

— Décidément, marquise, je crois que
nous avons fait, l'un et l'autre, un marché de
dupes !...

« Cependant, elle me fait toujours faire ses
robes ».

LE MÉMOIRE DU COUTURIER

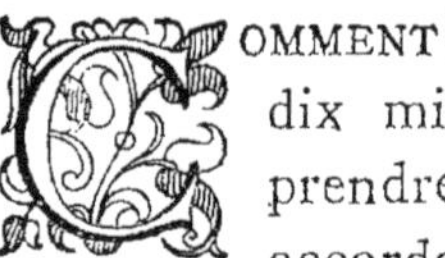

OMMENT! je vous dois tout cela!... dix mille francs!... mais où les prendre?... Mon cher Monsieur, accordez-moi du temps!

— Madame, c'est impossible : mes rentrées ne se font pas; j'ai un énorme paiement à faire; et je suis dans le commerce, moi!... Un retard dans une échéance, c'est le déshonneur. Croyez bien qu'il m'a fallu une situation pareille pour que je vienne vous tourmenter ainsi.

— C'est bien, Monsieur, je verrai… je m'arrangerai !…

Le lendemain, la femme, qui est jeune et jolie, revient toute en larmes :

— Mon Dieu ! je suis désolée ; je ne vous apporte pas d'argent ; je n'ose en demander à mon mari !… une pareille somme !…

J'ai été voir plusieurs de mes amies, et je n'ai rien pu trouver.

— J'en suis bien fâché, Madame ; — mais si je ne suis pas soldé demain, je serai obligé de m'adresser à Monsieur votre mari : — j'ai dès engagements, moi !

— Mais, Monsieur, je suis perdue, si mon mari sait cela !… lui qui est si économe ! C'est la brouille complète de mon ménage ; mon mari ne me le pardonnera jamais ; ma famille me tournera le dos. Je vous en prie, donnez-moi du temps ; je vous paierai par à-comptes ;… je ne sais pas comment… mais vous serez payé ; je vous le jure !

— Encore une fois, Madame, impossible ; je suis de fer dans ces occasions-là.

— Par grâce, Monsieur…

Et la jeune femme se tordait les mains en tournant ses beaux yeux obscurcis par les larmes, vers son féroce interlocuteur.

— Voyons, vous m'attendrissez : — Je

veux faire quelque chose pour vous. — Je vous donne jusqu'à demain.

Quand la jeune femme revint morne et glacée, elle n'apportait pas plus d'argent que la veille.

M. B. prit un air attendri en la voyant.

— Pauvre petite femme ! je ne sais qu'un moyen de vous sauver, c'est de vous adresser à un ami !

— Mais j'ai frappé à toutes les portes.

— Pas à toutes, bien sûr !

Ecoutez, je connais un monsieur des plus honorables, riche à plaisir, qui, — j'en suis certain, — serait heureux de vous rendre service.

— Mais je ne connais pas ce monsieur !

— Oui, mais il vous connaît, lui !

Jé me porte fort pour lui qu'il vous rendra ce service.

Il n'est plus jeune, c'est vrai, mais il est encore très bien.

— Oh! Monsieur!...

— Dame ! c'est le seul moyen que votre mari ne sache rien!... Vous conserverez ainsi la paix de votre ménage.

Après de longs pourparlers, la dame consentit.

Rendez-vous fût pris dans le petit salon du tailleur pour dames.

. . . .

C'est ainsi que fut payée la note, et que de nouveaux costumes furent commandés à l'ingénieux couturier.

LES CENT-GARDES AU CHATEAU

Au château, chacune avait son chacun, chacun avait sa chacune, et le monde allait, allait toujours.

Parfois il se faisait un petit chassé croisé, Monsieur X allait trouver madame Z, et madame X allait trouver monsieur Z.

C'était plein de charmes.

Un bijoutier de la rue de la Chaussée d'Antin fut chargé par un des invités d'une certaine journée de faire trois bracelets pareils enrichis de diamants ; les trois bijoux devaient être prêts à bref délai.

— Trois bracelets monsieur !

— Tout autant..., que voulez-vous, pendant la journée j'ai changé trois fois de chambre !

Cela se passait en famille ; la personne chargée du service mettait à la craie sur les portes les noms des invités, on avait bien soin de loger M. de T. à côté de Mme de X., madame A. à côté de M. P. et ainsi de suite...

Un jour, il s'agit d'inviter une puissante princesse étrangère bien connue par ses amours avec un officier de sa maison.

— Cela est tout à fait impossible, dit le maître du château : Nous ne pouvons inviter cet homme..., et elle..., elle ne peut pas se passer de lui.

— Sire, répondit le chambellan chargé, des invitations, n'y a-t-il pas un bataillon de cent gardes de service ?

Bravo ! Dans ce cas, invitons-la sans lui ! les cent-gardes suffiront.

L'ACTRICE, LES DIAMANTS ET LE PRÉFET DE POLICE

E baron de Castelroi était éperdument amoureux d'une actrice de Paris.

Celle-ci n'était pas une de nos belles petites, c'était au contraire une femme de talent, sérieuse, économe et surtout *pratique* comme vous l'allez voir.

C'était au mois de février, à l'époque du bal annuel des artistes dramatiques.

A ce moment, tout le ban et l'arrière-ban

de la gent féminine des coulisses, se remuait, s'agitait, se trémoussait, que c'était plaisir à voir.

C'était à qui placerait le plus de billets, à qui aurait la plus belle toilette, le plus de diamants, etc., etc.

Notre actrice voulait être des plus élégántes; depuis quelques jours elle tourmentait le baron, pour qu'il lui donnât un collier de diamants qui ajoutât de nouveaux feux aux prismes chatoyants de l'enchanteresse.

Hélas! le baron n'était pas fort riche, mais en revanche, il était marié.

De là, querelles sur querelles ; menaces de rupture.

— Mais, ma chère, j'ai déjà fait d'énormes sacrifices, il m'est de toute impossibilité de dépenser ainsi, que sais-je, quinze ou vingt mille francs !

D'ailleurs, ma belle, vous êtes ravissante ; quelques diamants de plus ou de moins....

— Ah bien ! alors vous me refusez ?

— C'est-à-dire....

— Ah mon cher !

— Mais, ma petite chatte !

— Il n'y a pas de petite chatte : Mademoiselle Pauline a pour cent mille francs de diamants, mademoiselle Diane en a pour plus encore.

— Est-ce qu'elles te valent ?

— Raison de plus, de quoi aurais-je l'air près d'elles.

— De leur souveraine.

— D'une fille des rues, voilà tout !

Mon cher, reprit-elle d'une voix câline, ta femme a pour plus de quarante mille francs de diamants, elle !!

— Ma femme ! mais ce sont des diamants de famille, les siens.

— De famille, de famille ! Ah ça ! je crois que vous voulez m'insulter ?

Castelroi ne put réprimer un sourire.

— Eh bien, raison de plus ! j'en veux aussi moi des diamants de famille.

— Mon petit baron, reprit la belle qui s'aperçut qu'elle perdait du terrain ; tout çà, c'est des bêtises. Si je ne vais pas au bal, comme il me faut un prétexte pour ne pas y assister, je pars pour la Russie, où l'on m'offre un engagement.

— Ah ! tu ne ferais pas cela ? Eh bien qu'est-ce que je deviendrai moi.

— Peuh !

— Tu me rends fou !

— Tiens, mon petit mignon, reprit-elle

en venant s'asseoir sur ses genoux et en retor-
tillant le cosmétique de ses moustaches ; il y
a un moyen d'arranger tout cela ! Ta femme
est à la campagne, n'est-ce pas ?

— Oui, répondit Castelroi en hésitant.

— Pour combien de temps ?

— Je ne sais pas..., peut-être quinze
jours.

— C'est suffisant, prête moi ses diamants ?
Le baron devint pâle !

— Es-tu folle, je te dis que c'est un collier de famille.

— Encore ! Ils n'ont que cela à la bouche
avec leurs mijaurées de femmes ; d'abord vous
saurez, mon cher, que toutes les rivières se
ressemblent !

— Oh se ressemblent, se ressemblent !

— Tu sais ! reprit-elle de nouveau, sur un
air résigné, mon petit chien aimé, si je n'ai
pas ce collier ce jour là, j'en tomberai malade, c'est sûr et tu seras cause de ma mort.
Castelroi hocha la tête !

— Ma chérie, tu n'y penses pas, ce que tu
me demandes est impossible, les diamants
de ma femme, mais c'est sacré cela ! ! ! !

— Pour vingt-quatre heures seulement,
mon ami ; le bal a lieu demain n'est-ce pas,
après demain matin je te les rendrai, et tout

sera sauvé. Tu le veux bien, dis ?

Elle se pendait à son cou;

La femme qui *veut* est bien forte, l'homme qui *aime* est bien faible ;

Le baron céda.

Le soir du bal, la Sirène eût un succès fou, et dans un coin son amant jouissait de son triomphe.

Jusque là tout allait à ravir ; le lendemain, il n'en fut plus de même.

Quand le baron se présenta pour reprendre la parure, la comédienne lui répondit :

— Ah ça, est-ce que tu plaisantes ? Tu me les a donnés !

— Jamais, c'eût été une lâcheté.

— Mais rappelles toi donc !

— C'eût été une lâcheté.

— Ah vraiment c'est comme cela, fit la Panthère en se repliant sur elle même : Monsieur le baron, sortez de chez moi, et n'y remettez plus les pieds, vous m'entendez, c'est trop fort.

— Mais rendez moi.....

— Les diamants que vous m'avez donnés, dit la Sirène d'une voix sifflante, c'est un souvenir d'amour, je les ai, je les garde ; d'ailleurs, comme dit mon avocat, possession vaut titre.

Le baron, pria, supplia, menaça, tout fut en vain ; il attendit, pensant qu'elle reviendrait à de meilleurs sentiments, ce fut inutile « la porte de la belle resta close ».

On ne daignait même plus le recevoir.

Désespéré il courut chez le Préfet de police : celui-ci était un homme charmant et des plus intelligents ; il l'écouta sans mot dire.

— Vous avez été bien léger, lui dit-il ensuite, mais il ne s'agit pas de vous sermonner, il faut d'abord vous porter secours. Dame, cela me semble bien difficile, cependant nous allons y tâcher : revenez me voir demain, mon cher baron, j'aurai peut-être de bonnes nouvelles ; malgré tout n'espérez pas trop.

Le préfet envoya immédiatement chercher l'artiste. Celle-ci se doutait bien un peu de ce dont il retournait. Elle arriva avec son irrésistible sourire. Inutile d'ajouter qu'elle joua la plus candide ignorance.

— Madame, lui dit le préfet, Monsieur de Castelroi vous a confié les diamants de sa femme : vous refusez de les lui rendre, pourquoi ?

— Mon Dieu, monsieur le préfet, le baron est mon amant ; il m'a fait cadeau d'une rivière de diamants, j'ignore leur provenance, mais quand je le saurais, cela ne ferait encore rien à l'affaire.

— Vous mentez, madame, vous saviez fort bien que ces diamants appartenaient à la baronne, et que son mari, en vous les apportant, se rendait coupable d'un vol. Vous êtes bel et bien sa complice.

— Je ne regarde pas cela au même point de vue, monsieur ; les diamants sont à moi, chez moi, et je les garde. D'ailleurs, quand un homme veut une femme, *il la paie*. Tous mes *amants me paient*, c'est ma fortune à moi.

— Ah ! vous le prenez ainsi, madame ? dit le préfet : il sonna un employé

— Veuillez vous asseoir, madame, dit-il à l'actrice qui s'était levée, je n'ai pas fini avec vous. Allez me chercher dans le bureau une carte, continua-t-il en s'adressant au personnage qu'il avait sonné !

Le préfet se remit à sa correspondance, sans avoir l'air de regarder l'actrice, jusqu'au moment où il eut en main ce qu'il avait demandé.

— Vos nom, prénoms et adresse ? demanda-t-il ensuite brutalement.

— Pourquoi cette question, monsieur ?

— Oh ! pour un motif bien simple, je vais vous mettre en carte, madame, vous m'avez avoué vous-même que vos amants vous payaient; c'est là votre fortune, m'avez-vous dit ; donc, vous êtes une fille publique et vous appartenez à la préfecture. Oui ! oui ! je comprends, cela pourra vous sembler un peu ennuyeux : il vous faudra venir tous les huit jours passer à la visite...

— Mais, c'est horrible !!! vous n'avez pas le droit de...

— Préférez-vous rendre les diamants ?

— Les diamants, eh bien oui, mais déchirez de suite cette effrayante carte !

— Mon secrétaire va vous accompagner chez vous, madame. En échange de la parure que vous lui remettrez, il anéantira ce morceau de carton.

— Merci et adieu, monsieur.

— Adieu, madame, j'espère que je ne serai pas obligé de vous faire revenir ici.

Le lendemain, le préfet remettait au baron l'écrin qui contenait les bijoux de sa femme.

— Savez-vous, mon cher baron, que ce que j'ai fait était un peu risqué ! bah ! tout est bien qui finit bien.

Quant à vous, grand coupable, allez en paix et ne pêchez plus.

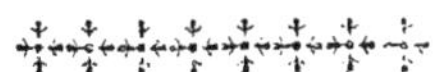

LE MARI ET LE COSTUME DE LA DAME DE CŒUR

UNE comtesse, grande dame italienne, portant le nom d'une des rues de Paris... était fort recherchée dans les dernières années de l'empire.

Le chef de l'Etat lui avait présenté ses hommages d'une façon très accentuée. Aussi jouait-elle à la Cour, le rôle que madame de Pompadour avait jadis joué à la Cour du roi Soleil.

Le mari, — ils sont tous les mêmes, — le mari n'y voyait que du feu.

— On prétend que la vie est chère à Paris, disait-il, quelle erreur !

— Nous avons un hôtel charmant, douze chevaux dans notre écurie, tous les jours un couvert de vingt-quatre personnes, ma femme est une des reines de l'élégance parisienne, nous n'avons pas un sou de dettes, et nous ne possédons que vingt-cinq mille francs de rentes. — Quelle perfection que ma femme !

Un jour, un des hauts fonctionnaires de l'Etat donnait un grand bal costumé.

Sous son costume de dame de cœur, la dame italienne y était belle à faire damner un saint, — s'il y en avait encore.

Des cœurs... il y en avait partout... aux épaules... à la poitrine... Il y en avait un surtout... qui était placé... si haut...

Voyons, comment dire ?... eh bien !... la tunique était relevée sur le côté, de sorte que ce cœur malin venait se profiler à certain endroit de la cuisse...

Vous me comprenez maintenant ?

La jalouse moitié de l'adorateur couronné, s'approcha de la belle et lui dit avec une rage dissimulée.

— Vous êtes bien belle, ce soir, Madame !

— Oh ! votre majesté !...

— Non, réellement, ce costume est splendide.

— Il est peut-être ingénieusement combiné.

— Trop ingénieusement, répliqua l'Espagnole d'une voix sifflante.

— Pas trop... je cherche ce que votre majesté !... interrompit en hésitant la triomphatrice, que son assurance commençait à abandonner.

— Et vous ne trouvez pas ?

— Si... c'est à dire...

— Allons... Il paraît qu'il faut vous aider : fit la souveraine en laissant enfin éclater son emportement ! Eh bien ! vous ne voyez donc pas, que ce n'est pas là qu'une femme,... même vous,... peut se permettre de porter le cœur !...

Et elle se retourna en donnant tous les signes d'une complète approbation

La Comtesse perdit tout à fait contenance et alla changer de costume.

LES CACHEMIRES DE LA COMTESSE ET LE MONT-DE-PIÉTÉ.

MADAME avait des cachemires, mais des cachemires !... Il en pleuvait.

Cachemires de l'Inde, cachemires français, brodés, rouges, noirs, blancs, bleus, jaunes, enfin de quoi draper toute une maison.

Ces cachemires, d'ailleurs, aidaient à son revenu.

Comment cela ?

Patience !

Retournons un peu en arrière. Nous avons dit que son mari l'admirait parce qu'elle menait un grand train de maison et n'avait que vingt-cinq mille livres de rentes !

C'était vrai, — littéralement vrai, — et voici comment elle s'y prenait.

Elle avait d'abord la grosse « planète » qui payait le rôti; mais le hors d'œuvre, comment se le procurer ?

Au moyen d'un petit stratagème qui nous fait revenir aux cachemires.

Elle avait donc une collection de cachemires, dont les uns valaient deux mille, d'autres trois mille francs, d'autres davantage.

Elle les portait dans cet endroit qu'on appelle administrativement le Mont-de-Piété et vulgairement « ma tante »

Puis, un beau jour, où quelque papillon de nuit, auquel elle avait accordé ses faveurs, arrivait, elle le recevait les yeux rouges, la figure contractée.

Lorsque le bénêt lui demandait la cause de son chagrin, elle lui montrait du doigt la reconnaissance d'un de ses cachemires, reconnaissance dont la valeur était toujours proportionnée à la position de fortune du pigeon.

Cela fait, elle se sauvait rougissante.

Le monsieur prenait la reconnaissance, allait dégager l'objet, puis le rapportait discrètement dans un coin du salon.

La farce était jouée, puis on passait à un autre cachemire et à un autre pigeon.

Lorsque tous les cachemires étaient ainsi rentrés au bercail, la comtesse allait les réengager.. et le même manège recommençait.

Le fait est authentique.

Il m'a été raconté par un employé du Mont-de-Piété, auquel la comtesse l'avait confié dans un moment... d'expansion.

Le Comte n'avait-il pas raison de louer l'économie de sa femme.

LE

MARTEAU DU SCULPTEUR

EN l'an de grâce 1870, dans un grand Etat de l'Europe, il y avait une princesse qui aimait un sculpteur.

Il faut dire pour la vérité de cette histoire, que le sculpteur était un des plus beaux hommes du monde et que la princesse avait quarante ans, l'âge du diable chez les femmes, et d'un tempérament . . .

Le sculpteur avait certainement de grandes qualités, et comme la princesse usait de ses talents, le chef du gouvernement qui commençait à s'apercevoir du scandale trop grand que donnait la princesse, la prie de cesser de recevoir aussi publiquement l'homme aimé. — Ainsi, lui dit-il, ne le reçois pas dans ta chambre le soir et la nuit, tous les jours, tu comprends, les affaires d'Etat, etc., etc., enfin, si nous ne nous respectons pas nous-mêmes, il faut au moins nous faire respecter par les autres. Obéis ou crains ma colère, je te retire la subvention.

La pauvre princesse navrée, promit de ne pas transgresser avec les ordres qu'il lui donnait, et de ne plus recevoir aussi publiquement son cher artiste, car y renoncer, jamais!... jamais.

Le soir de ce douloureux jour, lorsqu'armé de tous ses outils, le sculpteur se présenta chez sa belle; porte close. — Il eut beau appeler, chanter sa sérénade, toujours la porte de la chambre resta fermée.

— Mais c'est moi, moi ton amant !

— Je ne peux pas ouvrir cela m'est défendu.

L'artiste, pris alors d'une idée lumineuse, frappa un coup furibond sur la porte.

— Ah, ma belle, lui dit-il, si tu savais avec quel marteau je frappe !

L'histoire dit que la porte s'ouvrit de suite.

+++++++++++

7

LE SOUS-LIEUTENANT DE LA COMTESSE

Pour faire suite à l'histoire du Sculpteur.

SCULPTEUR, mon ami, tu n'es pas au bout de tes peines, et ta princesse t'en fera voir de belles ; ménage-toi, mon cher, crois en ma vieille expérience.

Tu ne le veux pas? songe donc que malgré ton talent, à force de produire, ton *ciseau*, ton *marteau*, finiront par s'émousser et alors.

. . . .

Le vantard ne voulut rien entendre, si bien qu'un beau jour, qu'il allait rendre une visite à la princesse, il vit sortir par la bienheureuse porte qui lui avait servi si souvent à entrer chez la déesse des amours, il vit sortir, dis-je, un sous-lieutenant des cent-gardes.

Notre artiste est violent et fort comme un ours, il tue un homme d'un coup de poing, mais par respect pour la maîtresse de céans, il se tut et se rangea pour laisser passer l'officier qui était un bel homme d'au moins six pieds, ma foi !

, — Quel est ce pistolet ? dit-il après avec une rage concentrée.

— Un pistolet ! mon cher, dit la dame en levant les épaules, un pistolet ! dites plutôt un revolver ! et je vous garantis qu'il ne rate jamais !!!

L'HOMME MÉCANIQUE
DE LA PRINCESSE

I étrange qu'elle paraisse, cette historiette, comme toutes celles de ce livre révélateur, est absolument authentique.

Ce n'est donc pas la faute de l'auteur si Boccace, lui-même, n'eut jamais rien pu inventer de pareil dans ses contes fantaisistes.

Notre princesse n'est point, — hélas! — une princesse de comédie née d'une imagination lascive et déréglée, — c'est une haute et puissante dame, — haute et puissante de physique comme de race, tellement puissante même qu'il fallait pour la vaincre, des lutteurs construits tout exprès.

Et maintenant, athlètes du ciel de lit, oyez l'histoire et pendez-vous de jalousie!

Un jour, une longue caisse de bois blanc, arriva dans une petite gare, à l'adresse de la princesse. Le mot *fragile* était inscrit aux quatre coins du couvercle.

Vu le nom de la destinataire, le chef de gare, fit porter le colis religieusement dans une pièce à côté de son propre bureau, en attendant qu'on en prit livraison.

Dans la journée, tandis que son mari veillait à son service, la jeune femme du chef, poussée par cet esprit de curiosité qui fit le malheur de notre mère Ève, — et des épouses de Barbe-bleue, — sans compter la nôtre, — la jeune femme, dis-je, s'en vint examiner de près la grande caisse en question.

A force de fureter autour, la curieuse s'aperçut qu'une des planches de côté, malmenée par le voyage, laissait aux yeux indiscrets, une large ouverture. Elle y colle les siens et. . . . . elle vit un homme !

Effrayée d'abord, madame s'enhardit, et

se convainquit peu à peu que l'être masculin qui s'allongeait dans cette guérite d'un nouveau genre, n'était autre qu'un mannequin.

Jugez si l'imagination de la dame se mit à battre la campagne !

Qu'était-ce que cet homme de bois ? à quoi diable une princesse pouvait-elle l'utiliser ? N'avait-elle pas assez de courtisans et de valets, en chair et en os, sans en acheter en bois, ou en caoutchouc ?

Bref, elle voulut en avoir le cœur net et s'armant d'une pince, elle enleva la planche déjà disloquée, ce qui fit tomber le couvercle en entier. Oh les femmes !

Par ma foi ! c'était un bien bel homme ! un très bel homme !

Tête brune, aux fines moustaches, yeux flamboyants, crinière frisée, lèvres ardentes, dents d'émail.

Le corps gracieusement modelé revêtu d'un costume de seigneur du moyen âge, rappelait à la fois, l'Antinoüs et l'hercule Farnèse.

Notre jeune gaillarde était femme de goût et presque sans songer à mal, elle devint comme Pygmalion, amoureuse de la statue.

Avouons, pour l'excuser, que son mari était un vieux soudard à trogne enluminée, bête comme son képi et borgne de l'œil droit.

Il avait autrefois bataillé contre les bédouins et pour l'en récompenser on l'avait nommé chef de gare, ce qui lui fit trouver femme malgré sa remarquable laideur.

Madame était, au contraire, une appétissante brunette de 28 à 30 ans (le bon âge), dont les sourcils épais, la lèvre rouge et estompée, les prunelles noires et mi-closes, ne laissaient aucun doute sur son genre de tempérament. A une chatte comme elle il eut fallu un matou vigoureux ; or, depuis longtemps, dit-on, son vieux mâle n'était qu'un pauvre ·chat *Abeilardisé*.

Donc, elle s'approcha du joli mannequin, et, le palpant sur toutes les coutures, reconnut qu'il était ingénieusement construit, en bois, en coton, et en caoutchouc.

Tout à coup, dans ses recherches « scientifiques », Madame s'aperçut que le pantalon collant de son idole était mal fermé . . . à certain endroit. Vite, elle y porte la main, pour remédier à cette inconvenance, mais au même instant, il sortit de la braguette, le plus bel oiseau viril que oncques n'eut vu ici bas : long, grosses proportions, droit, ferme comme un roc, la tête fière, splendide !

Madame tomba en extase ! Son rêve se faisait enfin réalité !

Mais elle voulut s'assurer si l'oiseau avait tous ses accessoires.

Par Vénus! qui donc aurait pu résister?

D'un bras vigoureux elle enleva le beau jouvenceau, l'assit sur un de ces fauteuils où dorment les veilleurs des gares, et relevant d'un geste gracieux, sa jupe noire et ses cotillons blancs, elle s'assit avec volupté à son tour sur l'objet, que, dans ses nuits sans sommeil, elle appelait depuis si longtemps... Enfin!!!

A peine avait-elle senti le bel oiseau se précipiter dans le nid que l'amour lui offrait, que les bras du jeune seigneur l'enlacèrent dans une ardente étreinte. O bonheur! le poids de son corps s'appuyant fortement sur le ventre en caoutchouc de son bien-aimé, elle lui imprima un mouvement aussi naturel que voluptueux qui la jeta bientôt dans la plus ineffable extase.

Trois fois, en moins d'une demi heure, Madame grimpa au septième ciel, sans échelle. Puis, après un instant de repos, elle chevaucha une quatrième fois. Nouveau repos,... cinquième chevauchée.

Mais, si ardente écuyère que l'on soit à moins d'être Messaline, il arrive un instant où la fatigue, et même la satiété, imposent

leur ennuyeuse loi. Pourtant la belle se dit :
« Morbleu ! j'irai à la demi-douzaine, car
qui sait si demain déjà on ne m'enlèvera pas
mon cher amoureux.

Et elle repartit bravement pour la sixième
fois !

Après que le premier spasme eut tordu son
corps gracieux, elle se reposa encore quelques minutes, puis elle voulut se lever. . . . .
Horreur! l'Hercule refusa de lâcher sa maîtresse ! Ni ses bras, ni son petit frère, ne per-
dirent de leur dureté !! Au contraire, plus la
malheureuse s'agitait, plus le petit frère
enfonçait, c'était épouvantable!

Enfin, la captive se décida (ses souf-
frances devenant insupportables) à appeler
au secours.

On accourut, le vieux mari en tête. Jugez
de celle qu'il fit ! . . . . Mais comme le plus
urgent était de sauver sa moitié, il ajourna à
plus tard les explications et fit demander un
mécanicien.

Inutile de vous assurer que tous les specta-
teurs, sauf le mari, se tenaient les côtes.
Dans cent ans on en rira encore dans la
gare.

Bref, le mécanicien chercha le secret, mais
ne le trouva pas! Et Madame criait et se tor-

dait, et Monsieur sacrait et jurait, et toute la gare s’esclaffait.

De guerre lasse on allait se décider à briser le terrible mannequin, lorsque quelqu’un eut l’idée de regarder sur le registre d’envoi le nom de l’expéditeur.

On lui adresse aussitôt une dépêche demandant, par retour, le moyen d’ouvrir les bras de son bonhomme.

Le fabricant répondit :

« Rien à faire, laissez aller. Mon gentilhomme s’arrête de lui-même toutes les deux heures.

C’est le temps indiqué par madame la princesse. »

LE CHALE DE MARGUERITE

Je voudrais bien pourtant me payer le chef de l'Etat, se disait une impure de l'époque.

Il me va cet homme là !

On le dit impuissant, il y aurait un certain charme à réveiller cet être engourdi ; ma parole, je le ferais par amour de l'art ! et quel service je rendrais au monde, en refaisant un gaillard d'un pareil ramolli !

D'ailleurs, il est bien cet homme, sa moustache est provocante, je ne sais rien du dessous, par exemple ; mais enfin, il me plairait de secouer un peu ce personnage devant lequel tout plie.

Oui, mais comment faire ?

Il y a bien ses pourvoyeurs : diable ! c'est qu'il faut leur faire la part grosse, et puis je ne peux pas me le dissimuler, j'ai la trentaine, je ne suis pas jolie, mais on dit que j'ai de l'élégance, de l'esprit ! puis je suis.... oh mais ! je suis.... que c'est plaisir !

Il faudrait donc trouver un truc, comme on dit dans les coulisses !.... Un truc ! Eh mais ! m'y voilà, il en crèvera cet homme. —

La Paquerette, quoique n'ayant pas un luxe énorme avait toujours eu un équipage irréprochable, et « son Louis », comme elle l'appelait par anticipation, avait souvent remarqué la tenue anglaise de sa victoria et de sa livrée.

Un jour, la Paquerette des Paquerettes, ayant donné des ordres en conséquence, coupa au bois le phaéton que conduisait habituellement lui-même l'auguste personnage.

Par exception, au moment où la voiture de la Phryné coupait la sienne, il avait abandonné un instant les rênes pour relever le collet de son paletot.

La brise ce jour-là coupait le visage aux promeneurs.

La Paquerette n'en fait ni une ni deux : au moment où elle passait, elle se lève debout dans sa voiture, prend un magnifique cachemire plié en quatre — à cette époque on portait beaucoup de cachemires — et le lance à tour de bras sur les genoux de son adoré.

Puis le cocher qui sans doute avait ses ordres, part à fond de train et laisse Louis ébahi.

— Voilà une gracieuse femme et un joli attelage !.... que son châle soit le bienvenu, car j'ai terriblement froid aux jambes. — D'ailleurs je le lui rendrai ce beau tissu. — A propos, fit-il, en s'adressant à celui qui l'accompagnait, connaissez-vous le nom de cette dame ?

— Je l'ignore, répondit celui-ci qui avait ses raisons pour répondre ainsi.

— C'est fâcheux. Enfin nous la retrouverons bien.

Pendant quelque temps, notre personnage ne rencontra la fine mouche, ni au bois, ni autre part.

Il commençait à s'impatienter : à quoi servait la puissance si on ne pouvait savoir ce que l'on désirait ? puis son imagination aidant à son dépit, il arriva à désirer ardemment de retrouver cette femme.

Un jour pourtant il crut être arrivé à son but — il l'aperçut seule comme d'habitude dans sa victoria, il la salua, elle lui rendit son salut — ce fût tout.

Cela ne lui disait ni le nom, ni la demeure de la dame, il l'avait trouvée belle, ravissante ! ce que c'est que la volonté contrariée ! !....

Il fallait du piment à ce blasé, la Paquerette se savait femme à lui en servir. Aussi comme le temps s'écoulait, et que la saison allait devenir mauvaise, elle se dit : Il faut en finir.

— Williams, dit-elle à son cocher, la prochaine fois que tu rencontreras l'équipage que tu sais, tu t'arrangeras pour verser doucement.

— Mais, madame, cela me déshonorera aux yeux de mes collègues.

— Obéis, imbécile, ou je te chasse.

— C'est bien ! on obéira. — En voilà un caprice ! Ces toquées ne savent qu'imaginer pour s'amuser : Engeance va !....

On versa, Louis sauta à bas de son phaéton et laissant bien loin son prestige courut à Marguerite qui était mollement étendue sur le gazon.

Tandis qu'il offrait le bras, pour la relever, à la belle langoureuse. — Je vous dois un cachemire, voulez-vous me permettre de vous le rapporter ?

Elle trouva moyen de rougir et répondit oui d'un air presque tendre.

Nous savons tous ce qu'elle a fait de son Louis.

LE FROMAGE IMPÉRIAL

LES souverains avaient dîné et le chef de l'Etat qui commençait à se ressentir de la maladie qui l'a emporté, s'endormait au dessert. Les courtisans silencieux respectaient ce silence du maître.

Cela durait depuis un long moment, lorsque l'auguste moitié du dormeur, ennuyée du silence prolongé que ce sommeil imposait, prit en riant sur la table un morceau de fromage de Roquefort et l'approchant du nez de son époux.

— Cela le fera revenir à lui, dit-elle aux dames qui l'entouraient.

Le maître étendant les bras et se retournant comme s'il était sur son oreiller :

— Finis-donc, Ninie, dit-il, pas à présent, laisse-moi dormir.

Il se retourna sur son fauteuil et repartit pour le pays des pavots.

Elle, que fit-elle?

Elle rougit d'abord. — Puis elle éclata de rire.

La basse-cour en fit autant.

LE RATELIER
DE MADAME DE REMINY

~~~~~

MADAME de Reminy passait à juste titre pour une des femmes les mieux douées du monde. Visage du galbe le plus pur, cheveux noirs, comme l'aile du corbeau, une peau d'un blanc de satin, taille aux ravissants contours, et des yeux noirs, de ces yeux magnétiques qui, sous leurs longues paupières, semblent appeler la volupté! Avec cela un grand nom, alliée aux familles souveraines
~~~~~

de l'Europe, et de plus un esprit charmant, (elle maniait avec talent la plume). Vous voyez donc qu'elle avait tous les charmes.

Marie, comme l'appelaient ses intimes, n'avait qu'un seul défaut, mais terrible, car il ternissait le brillant ensemble de sa beauté; elle avait un ratelier !

Oui, un ratelier, mais si bien fait, que le vulgaire point ne s'en apercevait . . . .

. . . .

Son mari lui-même, qui l'aimait comme un fou, et qui l'avait épousée malgré vent et marée; son mari, dis-je, avait respecté pendant son vivant le secret de sa toilette.

Un jour elle prit un amant, c'était bien le dixième, un riche marquis, aussi quelque peu homme de lettres. Mais il était difficile, il avait beaucoup vécu et malgré la beauté plastique de Marie, il lui fallait des mets excitants pour arriver à la réalisation de ses désirs.

Il aimait la musique à huis-clos ce gentilhomme, et l'instrument qu'il portait toujours sur lui, sa petite flûte, comme il l'appelait, avait souvent, besoin des doigts caressants de la belle créature qu'il s'était donnée pour partenaire.

Un jour, O malheur épouvantable !!! la petite flûte, malgré le toucher délicat de madame de Reminy, ne voulut plus rendre aucun son. Vains efforts, la musette restait sourde . . . .

. . . .

C'est que probablement, la vilaine s'était enrouée à force de jouer.

— Voyons, Marie, mon ange, soupira le marquis, je parie que sous tes jolies lèvres, elle retrouvera une voix plus brillante que jamais !...

Et voilà Marie, agenouillée sur un coussin qui, doucement, doucement, avec les lèvres d'abord, avec la langue ensuite, cherche à ranimer la rebelle.

Tout d'un coup. Crac ! Au beau moment où la musette, couronnant leurs efforts, s'apprêtait à entonner ses airs les plus joyeux, un bruit singulier se fait entendre, le ratelier se décroche et enserre l'instrument qui n'en peut mais ! . . . .

. . . .

Madame, horrible tableau ! ne peut plus parler ; Monsieur, sacre et jure ! d'une voix entrecoupée par la douleur et la colère, il ne peut que prononcer « Sacré nom de Dieu ! Marie, vous m'avez trompé, quand on a un ratelier, on ne joue pas de l'instrument des gens qu'on aime. . . . »

Et enveloppant d'un mouchoir sa flûte chérie, il court chez le dentiste le plus renommé.

— Cinq louis, si vous retirez de suite l'objet de torture qui enserre mon trésor.

— Soyez tranquille, monsieur le marquis, dit l'artiste dentaire, après l'avoir scrupuleusement examiné, c'est l'affaire d'un instant, je le connais bien, c'est le ratelier de madame de Reminy ; on nous l'apporte pour pareil cas, environ deux fois par semaine.

Jugez de la tête de monsieur le marquis ! qui jura honteux et confus,...

Qu'on ne l'y prendrait plus.

LES DEUX ROBES
DU FINANCIER

—

Un jour que j'étais occupée à essáyer la robe d'une de nos plus jolies cocottes, on frappa un coup discret à la porte du petit salon où j'épinglais le corsage sur les belles épaules de Blanche.

— N'entrez-pas ! m'écriai-je : j'essaie !

— Bah !... entre femmes !

La porte s'ouvrit, malgré mon observation, et je vis apparaître le minois blond et souriant de Madame Zéolis.

J'étais contrariée, mais il fallait faire contre fortune bon cœur, et inviter la jeune femme à s'asseoir.

— Ce sera bientôt fini, madame !

— Ne vous pressez pas pour moi, mademoiselle Marie.

— Dieu ! la jolie robe !... Vous permettez, Madame ?

— Comme elle vous va bien !... C'est une robe de bal, n'est-ce pas ? Comme vous devez être jolie, avec ce costume !

Effectivement, mademoiselle Blanche, grande, mince, élancée, avec ses cheveux noirs et sa peau d'un blanc mat, formait un contraste étrange avec cette petite femme toute blanche, toute blonde, toute mignonne, un vrai bouton de rose.

La glace était rompue et, malgré mes efforts pour interrompre cette conversation qui m'était pénible au plus haut degré, — vous saurez tout à l'heure pourquoi, il me fut impossible d'arrêter le bavardage de madame Zéolis. . . . Pour comble de malheur, le maudit corsage n'allait pas, il fallait épingle sur épingle, fil sur fil.

Cela dura au moins une bonne demi-heure.

Pendant ce temps, les langues marchaient toujours.... Enfin, suant sang et eau, j'arrivai à dire :

— C'est terminé, Madame, vous pouvez vous habiller!

Il était temps je crois? mes deux clientes allaient s'embrasser.

Je reconduisis mademoiselle Blanche, non cependant sans que mes deux clientes aient eu le temps de se promettre de se rencontrer chez moi !   .   .   .   .

.   .   .   .

— A nous deux maintenant, Madame! dis-je à la jolie blonde.

— Avant tout, dites-moi, mademoiselle Marie, quelle est cette ravissante femme?

— C'est une étrangère. Madame!

— Ah ! . . . .

— Et qui repart bientôt, dis-je, en riant en moi-même de ce mensonge.

— Ah! c'est dommage ! ! ! ! Enfin ....!

— Mademoiselle, reprit la jeune femme, je viens pour que vous me fassiez une robe de bal. Je veux que vous me la fassiez identiquement pareille à celle de la dame qui sort d'ici.

— Mais, Madame, c'est impossible, cette dame est brune, la couleur crême lui va bien, vous êtes trop blonde pour porter cette nuance Elle est mince et grande, cette quantité de fleurs et de volants sont nécessaires à sa taille. Vous êtes trop petite, je vous assure, trop mignonne, tous ces flous-flous vous engonceraient et vous ne seriez pas bien du tout.

— Cela m'est égal, je le veux, vos raisonnements ne serviraient de rien. Si vous ne voulez pas me faire cette robe, je vais la commander ailleurs, quitte à la dessiner de mémoire.

— Mais, madame !

— Il n'y a pas de mais Madame ! je le veux ! et l'enfant gâtée tapait du pied.

Que faire? Je promis, elle s'en fût contente?..

C'était vraiment une enfant gâtée.

Son mari, le financier Zéolis, à qui elle avait apporté une grande dot, était un des plus riches banquiers de la Capitale, et ne savait rien refuser à sa femme.

Mais, d'un autre côté, mademoiselle Blanche, la demie mondaine, était la maîtresse du même monsieur Zéolis qui ne savait pas plus refuser à sa maîtresse qu'à sa femme.

— Comment faire? me dis-je, ces dames

ne se connaissent pas, mais je ne peux pourtant pas faire la même toilette à la femme légitime et à la maîtresse. — Que faire ?

— Bah! le mieux est d'appeler monsieur Zéolis à la rescousse.

Aussitôt dit, aussitôt fait, je lançai un petit billet pressant à monsieur Zéolis qui se hâta d'arriver.

— Me voilà, Mademoiselle, me dit-il, je me rends à votre impatient message; qu'y-a-t'il? avez-vous besoin d'argent? En voilà.

— Non Monsieur, ce n'est pas de cela qu'il s'agit. . . .

Et me voilà lui contant mon cas de conscience,

Qui fut bien étonnée de le voir rire aux éclats? — Ce fut moi.

— N'est-ce que cela, Mademoiselle, me dit le mari avec la figure épanouie. — Rassurez-vous. Faites la robe que ma femme vous a commandée, loin de me déplaire, cet arrangement me plaît infiniment; quand je serai avec l'une je me figurerai être avec l'autre.... et *vice versa*. . . . . .

Voilà ! Tout est bien qui finit bien.

LE BUCHER
DE SARDANAPALE

—

ÉPISODE DU CHATEAU DE COMPIÈGNE

Vous avez tous connu, et certes vous connaissez encore, notre célèbre dessinateur.

Il joint, à un grand talent de graveur, un talent non moins grand de peintre.

C'est un des hommes les mieux doués de notre époque.

Bon musicien, très joli garçon, de la

verve, de la gaîté, de l'esprit, il a beaucoup voyagé, beaucoup vu ; enfin, il possède tout ce qu'il faut pour plaire aux hommes et surtout aux femmes.

Un jour qu'il dînait avec plusieurs d'entre nous, chez un de nos caricaturistes en renom ennemi intime de l'Empire. — Il était légitimiste.

— Vous ne savez pas, nous dit-il, l'honneur qui vient de m'échoir ?

— Non !

— Eh bien, je suis passé à l'état de pain mollet.

— Comment cela ?

— Dame ! puisque je suis de la première fournée de Compiègne.

— Ah bravo ! le mot est mauvais, mais il vous sera pardonné, à la condition qu'à votre retour, vous nous raconterez tous les épisodes de votre séjour.

— Oh ! tous les épisodes ! . . . . . avec des restrictions. . . .

— Oui, c'est convenu ! . . . .

. . . .

Quinze jours plus tard, notre ami reparut à nos charmants dîners du vendredi. Comme il l'avait promis, il nous raconta son voyage, mais en en sautant la moitié, le scélérat...

J'arrivai, nous dit-il, comme c'était indiqué au programme, le soir à 8 heures.

Des voitures nous attendaient à la gare!...

Je vous l'avoue, je pensais un peu au roman comique de Scarron, je me représentais la troupe de comédiens ambulants, allant jouer la comédie dans une grange.

Nous, nous allions dans un château, là était toute la différence.

On voulut bien m'indiquer mon appartement, où je me retirai avec mon valet de chambre qui couchait dans une chambre voisine.

On me servit un ambigu délicieux, puis je m'endormis ! . . .

Le lendemain, lorsque je m'éveillai, un beau soleil d'automne se jouait sur les vitres et semblait me dire :

Lève-toi donc, paresseux, viens m'admirer ?

Allons, courage! En bas du lit!. . .

Fainéant !

Je passai mon indispensable et revêtis mon veston, lorsqu'on frappa discrétement à ma porte :

— Entrez !

Je vis paraître un monsieur tout de noir habillé, comme dans la chanson de Malborough, et cravaté de blanc, qui me sembla être au moins un préfet en disponibilité

— Vous êtes bien, Monsieur, le grand dessinateur ?

— Oui ! Monsieur, mais à qui ai-je l'honneur de parler.

— Je suis Henri, le coiffeur ! et viens vous offrir mes services.

— Ah ! ah ! c'est vous, Henri. . . , mais je croyais que vous ne coiffiez que le maître du logis !

— C'est vrai, Monsieur ; des ambassadeurs, des ministres, qui ont toujours brigué cette faveur, n'ont pu l'obtenir.

— Merci, mille fois ! mon cher Henri, de cette exception, — j'ai ici mon valet de chambre qui a seul le droit et le privilège de toucher à ma tête. Mais dites-moi ? Pourquoi teniez-vous à me faire profiter de vos talents.

— Quand j'ai su que vous étiez de la fournée, j'y ai songé de suite, que voulez-vous ?., entre artistes ! . . .

La journée fut charmante, promenades dans la forêt, concert, dîner par un Vatel hors ligne, femmes ravissantes.

Tout concourait à faire de ce séjour, un lieu de délices, n'en déplaise à notre amphitryon qui a l'air de faire la grimace.

Oui, mon cher, vous auriez admiré tout comme je l'ai fait les beautés étincelantes et peu voilées que j'ai été à même de voir.

Voici la chose : vous savez qu'on représentait le soir des tableaux vivants.

Pour me faire une gracieuseté que je n'oublierai jamais, on décida que l'on représenterait le soir un de mes dessins. — Le *Bucher de Sardanapale*. Pour cela, il fallait le concours de ces dames.

Comment faire? Mes femmes à moi étaient si peu habillées?

On tint conseil, Grondinette, Gredinette, Cochonne, voulurent à toutes forces que l'on copiât l'œuvre telle qu'elle avait été conçue... Des maillots, — un peu d'enfantillage. . . . et force diamants, fesaient l'affaire, disaient-elles !

Aussi, le soir, quand la toile se leva, et que l'on vit le tableau, ce furent des trépignements, des cris d'admiration !

Quant à moi, modeste, je rougissais, je ne me croyais pas autant de génie.

Grondinette surtout, un modèle, du plus pur marbre de Paros, étendue sur une peau de tigre, n'ayant comme Vénus, pour tout vêtement, qu'une ceinture de diamants, était belle à rendre fou !

J'étais trop ému, je me sauvai, je ne vis pas la suite.

— Que pensiez-vous alors ?...

— Je pensais qu'il fallait embrasser les femmes et fustiger les maris, qui livraient ainsi celles qui portaient leurs noms aux regards brûlants de la convoitise !

Les trois journées se passèrent ainsi.

Plaisirs sur plaisirs, — j'en passe et des meilleurs. . . . .

Les compagnons de chambres, les chassés croisés de ces dames, enfin une foule de gentillesses inénarrables !

Le jour du départ, le majordome, vint nous prévenir que l'habitude était de donner aux domestiques du château la modique somme de cent francs.

C'était un prix fait — comme les petits pâtés. Dans un large vestibule, chaque invité sortait à son tour, les domestiques rangés sur deux rangs saluaient.

— Mon cher, dit notre spirituel hôte, vous n'êtes pas un homme pratique. Il fallait demander au maître du logis, un reçu de vos cent francs. Vous auriez vendu cet autographe illustre cinq francs... Vous n'auriez perdu ainsi que quatre-vingt-quinze francs.

✛✛✛✛✛✛✛✛

— Mon cher, je n'ai rien perdu !

Pour mille francs, je ne voudrais pas, ne point avoir vu ce que j'ai vu.

Dame, on est artiste ou on ne l'est pas;

Et je vous le répète, vous eussiez fait comme moi.

Le caricaturiste sourit :

Sa femme le pinça jusqu'au sang !

LE BOULEVARDIER ET COCHONNETTE

LA scène se passait à Spa au beau temps de l'empire.

Une des joueuses les plus assidues au tapis vert, était la jeune et aimable fille d'un banquier sportman et d'une anglaise bien connue, à cause d'un procès retentissant avec son mari et de nombreuses excentricités.

Le 30 et 40 n'avait pas de secrets pour elle, mais la fortune n'est pas toujours propice aux innocentes. La jeune fille perdait, perdait toujours.

Plus rien. Enfin !

Désespérée, elle allait quitter le tapis, lorsqu'elle avise un futur homme politique qui n'était alors que pamphlétaire et qui regardait les joueurs avec son sourire légèrement ironique.

Courir à lui fut l'affaire d'un instant.

— Ah, Monsieur le Comte (il était comte dans ce temps-là), je n'ai plus d'argent, prêtez-moi cinquante louis, je vous les rendrai à Paris.

Le jeune homme sourit, et, comme le « citoyen » a le cœur qu'on prêtait autrefois aux gentilshommes, il remet gracieusement les mille francs demandés, à la charmante joueuse qui lui jette, pour tout adieu, ces mots :

— A Paris ! à Paris !

L'hiver vint, et un certain matin, notre ami, fumait tranquillement sa cigarette, en brochant un article, quand on vint lui annoncer qu'une dame voilée demandait à lui parler.

— Diable !... dit notre chroniqueur tout étonné ! faites entrer :

La dame lève son voile et montre le visage frais et charmant de mademoiselle Annetta.

— Je viens encore vous demander mille francs, dit-elle, en ôtant son manteau et son chapeau, car j'ai beaucoup perdu cet hiver, et vous avez été si gracieux avec moi à Spa que je m'en suis souvenue.

Le journaliste fit une légère grimace, car pour lui qui n'était riche que par occasion, mille francs étaient une somme presque importante dans certains moments, et il était dans un de ces moments-là.

La bonne fortune qui lui venait était un peu chère.

Il parlementa ; il s'essayait pour la tribune.

Il obtint de réduire à cinq cents francs, le prêt demandé et il exigea alors, le gourmand, que l'on voulut bien prolonger la visite.

On la prolongea si bien que . . . .

. . . .

Plus tard, mademoiselle Annetta épousait le marquis de Grancastel.

Survinrent les événements de 70-71.

Lorsque les Prussiens eurent livré le héros de notre aventure aux Versaillais et que celui-ci, traîné, les menottes aux mains, comme un vulgaire gredin, maltraité, injurié, eut été conduit à Saint-Germain-en-Laye la première personne qu'il y rencontra, fut ce bon général qui, apercevant un homme livré sans défense à sa fantaisie cruelle et avide d'outrages, s'arma d'une cravache et s'amusa à chatouiller le nez légendaire du prisonnier.

La colère empourpra un moment les joues de ce dernier, mais le boulevardier reprit vite le dessus.

— Monsieur le marquis, dit-il, je ne sais où je vais en ce moment, au bagne , peut-être au pied de l'arbre voisin, si l'on a décidé qu'une douzaine de balles doivent m'y attendre. Je pense qu'il serait temps de liquider nos comptes. Madame la marquise me doit quelqu'argent que je lui ai prêté à Spa et à Paris, mais comme je n'ai qu'à me louer de ses prévenances pour moi, je vous prie de vouloir bien l'informer que je lui donne quittance de sa dette.

Le général ne se le fit pas dire deux fois et quitta le prisonnier sans songer à lui dire au revoir.

Quel a été le plus heureux des deux ?

C'est ce que madame Cochonnette seule pourrait dire.

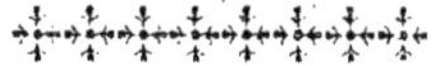

GÉNÉRAL ET LA NÉGRESSE

E mari de Cochonnette était, ainsi que vous le savez, en garnison en Algérie.

Ce beau pays qui appartient maintenant à la France donne asile à tous les habitants du monde : Espagnols, Allemands, Anglais, Arabes ; il y a de tout. La vie y est si large et si facile, qu'à l'époque dont nous parlons, il y a environ dix ans, les

mœurs y étaient encore dans toute leur sim-
plicité.

On ne se gênait pas, les blancs caressaient
les négresses.

Il était plus rare cependant que les nègres
caressassent les blanches.

Nos sœurs de la race caucasienne ont le
goût moins accommodant que leurs congé-
nères du sexe fort.

Cela vient aussi peut-être de ce que le
nègre porte toujours sur lui une odeur de
suint à faire reculer les moins dégoutés.

C'est dommage cependant, car on dit que
les nègres sont savants en amour et surtout
tellement imbus de ce charmant défaut que la
plupart en meurent.

Les mœurs sont en Algérie, beaucoup plus
indulgentes qu'en Europe. Demandez à nos
soldats d'Afrique, ils vous diront... non,
ils ne vous diront pas, que les indigènes
pratiquent ce que nous appelons maintenant d'une façon irrespectueuse, le germi-
nisme.

Ils ne s'en croient pas de moins honnêtes
gens pour cela.

Mais revenons à notre général.

Il paraît que lui aussi appréciait les femmes
de couleur, dont le tempérament ardent

comme leur soleil, laisse bien loin celui des pâles filles du nord.

Un jour, ou un beau soir d'été, comme vous voudrez, on annonça au général l'arrivée de sa femme légitime.

— Bigre! c'est embêtant, dit-il.

L'exclamation était risquée... mais sincère. Néanmoins, il prit son parti rapidement.

— Allons-y gaiement.

Bientôt il se trouva en face de l'adversaire :

— Quelle surprise agréable, ma chère amie! qu'est-ce qui me procure cette bonne fortune à laquelle, certes, je ne m'attendais pas?

— Ni moi non plus, mon général, mais on a pensé là-bas, qu'il était des plus strictes convenances que je vinsse une fois au moins vous faire visite à votre régiment. Dieu! qu'il fait chaud ici.

— Le fait est que le climat est corsé!..

— S'amuse-t-on au moins, danse-t-on ?

— Avec de jeunes officiers, songez donc?

— C'est vrai.

— Vous me présenterez vos officiers, n'est-ce pas, général ?

— Sans doute.

— Et vous me ferez voir les curiosités du pays.

— A vos ordres.

— Je vous en prie, faites-moi apporter mon éventail et un sorbet.

Le général, après avoir entendu ce flux et ce reflux de paroles, offrit son bras à madame Cochonnette et se décida à la conduire à son appartement.

— Vous devez bien vous ennuyer ici, mon pauvre ami, dit-elle.

— Mais non, pas trop ! ah ! Thisbé, fit-il, à une jeune négresse qui se tenait, toute intimidée, dans un coin, viens ici, salue madame la marquise.

La jeune beauté de la postérité de Cham vint s'incliner avec humilité devant la capricieuse et hautaine arrivante.

— Chère amie, reprit le mari, je vous présente la fée noire qui a su, depuis que je suis ici, me faire passer agréablement les heures de la nuit et me prouver une fois de plus qu'en amour c'est le contraire de ce qui s'enseigne en musique :

Une noire vaut deux blanches.

LE PETIT CHIEN

BERTHA, qui était la meilleure femme du monde, avait pris sous sa protection une institution où on élevait des jeunes filles sans fortune.

— Elle avait toujours eu un goût prononcé pour les jeunes filles. Elle allait donc de temps en temps leur faire visite en compagnie de son beau sculpteur qui était, comme tout Paris le savait, bien attaché à sa personne.

Un jour qu'elle avait promis de passer une partie de la journée à l'institution, elle vint accompagnée d'un ravissant petit chien; un amour de griffon.

Toutes les jeunes filles de le prendre dans leurs bras, de le caresser.

— Qu'il est donc charmant, qu'il est drôle, disaient les innocentes : il cherche à se fourrer sous nos robes.

— Ah, mesdemoiselles, vous ne pourrez jamais savoir comme il est caressant. Il couche sur mon lit : eh bien, lorsque trois heures du matin sonnent à la pendule, il vient régulièrement se mettre dans mes draps, puis il fait le mort pour qu'on ne le chasse pas... mais c'est assez nous occuper de lui! Allons dans le préau.

Quelques heures après le beau sculpteur vint reprendre Bertha.

Le petit chien, en le voyant, saute des bras de la jeune fille qui le tenait et vient se frotter le long de ses jambes.

— Tout beau, Phanor, dit l'artiste . . . . n'avons-nous pas assez de la nuit pour nous caresser!

La princesse se mit à rire... mais la directrice de l'établissement ne riait pas.

LE SECRÉTAIRE

QUE je suis donc désolé, disait M. des Pierres, un des Ministres de l'Espagne, au duc de Merci, un de ses confrères en portefeuille. Figurez-vous, mon cher, que depuis quatre jours, ma femme a complétement disparu.

Avec qui ? c'est ce que j'ignore.

Quant à moi, je m'en moque pas mal ! j'y suis habitué ; — d'ailleurs, cela ne se voit pas à mon front, n'est-ce pas ?

Mais c'est notre chef qui est dans une colère bleue... il crie au scandale ; il dit que cela ne peut durer ainsi, qu'il va y mettre ordre, etc., etc.

Pourvu que je ne finisse pas par être obligé de la garder constamment près de moi ! . . . Enfin !

M... lui donnait pour la forme quelques consolations banales.

Le premier reprenait :

« Je suis allé partout, même chez le préfet de police, qui a lancé ses plus fins limiers et l'on n'a rien pu découvrir.

— Ah, mon cher, c'est que, peut-être, vous n'avez pas bien cherché !

— Cherché ? Mais si ! on a cherché partout, je vous assure.

— En vérité ?

— En vérité.

— Il me semble pourtant...

— Que feriez-vous à ma place !

— Je fureterais partout.

— C'est ce que j'ai fait.

— Partout ?

— Oui, partout.

— Eh bien, je parie que vous n'avez pas cherché *sous le secrétaire* !

Effectivement, quelques jours après la Dame fut trouvée avec un des employés du cabinet de son mari, et réintégrée au domicile conjugal.

✛✛✛✛✛✛✛✛✛✛

LA

CHANTEUSE POPULAIRE

Vous avez tous connu la chanteuse populaire, cette étrange fille avec sa grosse voix, qui a fait, il y a quelques années, courir tout Paris.

Petite ouvrière, elle était devenue une sommité, et riche, adulée, enivrée, elle voulut se payer tous les plaisirs !!

Hommes,. . . femmes,. . . fillettes, tout y passa !

Et la chronique scandaleuse disait bien bas qu'elle avait l'amitié d'une ambassadrice renommée pour son originalité.

Notre chanteuse est comme la fourmi, elle n'est pas prêteuse, et elle a su s'amasser une fortune rondelette.

Elle put un jour, réaliser son rêve ; une maison à elle !...

Aussi, grâce aux bienfaits de ses beaux et de ses belles, un joli castel aux environs de la Capitale fut construit.

Les initiales de la grande artiste s'étalaient orgueilleusement sur la façade.

Grande artiste , il n'y a pas à en démordre, car elle est réellement grande malgré ses défauts.

Ces initiales, — un immense S enlacé d'un T non moins immense, — faisaient crever de jalousie ses bonnes petites camarades.

Une de celles-ci, passant en compagnie de quelques amis et amies, au pied du château en briques de la diva, s'arrêta court, montra les lettres entrelacées, joignit les mains, comme si elle priait : et montrant les lettres :

— C'est ici un lieu de dévotion, mes frères, dit-elle, implorons-en la bienheureuse patronne . . . Sainte Trib..., priez pour nous.

JEMME AUX CONCOMBRES

ONCOMBRE, famille des Cucurbitacées. Ce fruit originaire d'Amérique sert d'emblème aux gens *niais*. Concombre, dans l'argot trivial, veut dire, imbécile. La culture du concombre, est assez facile ; cependant, lorsqu'on le cultive près d'une planche de melons, le pollen de sa fleur qui vole très loin, va féconder, les fleurs femelles des plantes auxquelles nous devons d'ordinaire une des plus savoureuses friandises les plus appréciées des gourmets et on n'obtient plus alors que des métis fades et insipides.

Cette courte digression dans le domaine de la botanique, à propos de melons et de concombres, nous amène tout naturellement à nous occuper du vicomte Arthur d'I...

Par une belle journée de mai, dans la rue du Hâvre, se promenait un jeune homme grand, bien fait, ayant toute l'apparence d'un sportman. Il avait cet air un peu jockey que nos voisins d'outre-mer, ont mis à la mode.

C'était le vicomte Arthur d'I...

Il se promenait de long en large, comme un homme ennuyé de sa personne.

Ne pouvant occuper sa tête, il essayait d'occuper ses jambes. Tout à coup il avisa dans une boutique de fruits et de comestibles qui fait face au lycée Bonaparte une belle personne brune, d'une taille plus que moyenne, aux appas luxuriants, et qui marchandait des concombres.

Traverser la rue à grandes enjambées, se précipiter dans la boutique fut l'affaire d'un instant. Notre vicomte était légèrement toqué. Combien de gens après tout pourraient encourir la même accusation, lorsqu'ils se trouvent en présence d'un joli minois. Donc, notre vicomte avait traversé la rue. Il fit un signe expressif à la marchande, et comme la jeune femme qui avait déjà acheté deux de ces fruits jaunes dont nous avons parlé, voulait en acheter encore davantage :

— C'est impossible, Madame, dit-elle, tous les autres sont vendus à Monsieur !

— Vendus à Monsieur, dit la jeune femme, en laissant admirer ses petites dents blanches, au milieu d'un franc éclat de rire. Ah! Monsieur, qu'en pouvez vous faire?

— Des études, sans doute, Madame !

— Monsieur étudie les concombres?... du reste cela n'a rien que de très naturel, fit-elle en le regardant et en lançant cette petite impertinence avec un sourire ironique.

Elle quitta précipitamment la boutique en emportant ses emplettes.

— Madame Henry, comment s'appelle cette belle brune?

— C'est Madame Anna B... Comment! Monsieur le vicomte ne la connaît pas! Elle est cependant en réputation dans notre quartier où elle habite déjà depuis quelque temps.

— Je ne l'avais jamais vue ! — Mais où demeure-t-elle?

— Tout près d'ici, rue... n°.

— Bien merci! Madame Henry!

— Faut-il envoyer les concombres chez Monsieur le vicomte ?

— Non ! certes ! mais, d'abord, combien vous dois-je pour ce tas.

— Huit francs cinquante centimes !

— Les voici ! envoyez-moi, je vous prie, chercher une voiture et faites y déposer ces légumes.

— A vos ordres, Monsieur le vicomte.

La voiture arrivée et chargée : — Où faut-il vous conduire bourgeois ? demanda l'automédon, avec ce ton familier et enroué qui est propre au cocher de Paris.

— Rue... n°...

— Oh ! Monsieur le vicomte, qu'allez-vous faire ! hasarda la marchande.

— Eh ! parbleu ! Madame Henry, je vais les porter chez votre belle cliente.

Quelques instants après, le vicomte grimpait l'escalier d'Anna, les bras remplis des fruits à la structure oblongue qu'il lui avait disputés dans le magasin de comestibles. Il sonne, la camériste vient ouvrir.

En apercevant, le jeune homme, et son bizarre fardeau elle part d'un interminable éclat de rire...

— Madame Anna B...

— Est-ce Monsieur ! ou les concombres

que je dois annoncer, continue-t-elle toujours
en riant.

— Le vicomte d'I...

Quand il fut introduit auprès de la maîtresse :

— Madame, dit-il, j'ai eu un remords :
j'ai pensé qu'il serait cruel de séparer ces
légumes, que le hasard ou la naissance avait
réunis — et qui peut-être avaient de l'atta-
chement entre eux. Permettez-moi donc de
vous associer à cette bonne œuvre.

— Mais vos études, Monsieur? dit la jeune
femme que l'hilarité avait gagnée.

— Nous les ferons ensemble, Madame, si
vous le voulez bien !

— La proposition est flatteuse, néanmoins
je la repousse.

— Y songez-vous, Madame! ce serait une
étude si agréable !...

— Agréable, permettez-moi d'en douter...
à moins que ce ne soit une étude comparée
— voulez-vous dire, Monsieur...

— Le mot est juste : je le reprends pour
moi, si vous le retirez.

— Pour vous, reprit la superbe brune que
cette dernière réplique, mettait plus que
jamais en belle humeur.

— Certes, est-ce que dans une étude comparée il ne faut pas un type original ! — C'est à quoi je servirai.

— Quant à cela...

— Décidément, Madame, s'écria le jeune homme en brusquant le dénouement, plus je vous vois, plus je vous aime.

— Ah bah ! amour de concombre !

— Madame : le concombre n'est pas ce qu'un vain peuple pense, je veux vous initier à ses mœurs.

— Ah, dit la jeune femme, je ne fais que cela tous les jours, j'en connais toutes les variétés !

Néanmoins, bien que commencé sur ce ton peu encourageant pour les désirs amoureux du jeune homme, l'entretien ne tarda pas à prendre une tournure meilleure. Et la preuve c'est qu'une heure plus tard, voici en quelles répliques il se poursuivait dans la chambre à coucher de l'infante, entremêlé de quelques derniers baisers :

— Tu as réussi, après m'avoir fait rire ; c'est bien, mais prends garde !

— Que veux-tu dire ?

— Ton moyen était dangereux.

— Dangereux... pourquoi ?

— Parce que les femmes ne sont pas comme les juges. Quand elles ont ri, elles ne sont pas désarmées... au contraire.

En écoutant sa nouvelle maîtresse, l'amant heureux laissa s'arrêter son regard sur un buste qui se carrait sur une console en bois doré.

— Mais qu'est-ce que cela, dit-il, tout à coup en désignant l'objet du doigt.

— Ça, reprit Anna, en grimaçant une lippe dédaigneuse, c'est un protecteur.

— Ton... Monsieur M... l'ambassadeur !

— Précisément.

— Mais c'est mon oncle.

— Ton oncle !... Ah ! pauvre ami, continua la jeune folle, en se sentant désopilée par un accès nouveau d'hilarité. Ah ! pauvre ami ! j'aurais dû m'en douter en te voyant entrer chez moi, sous les auspices que tu avais choisis !

Quoiqu'il en soit, la jeunesse aidant, nos amoureux se revirent tous les jours ; pendant une quinzaine ils s'aimèrent, ils s'aimèrent !... Le buste seul du général aurait pu dire à quel point ils s'aimèrent pendant cette bienheureuse quinzaine. Rien, pendant cette période, ne troubla leur bonheur, ni leur sécurité. Le vicomte venait voir la belle enfant, dans le milieu du jour, à une heure où les rencontres alarmantes n'étaient point à redouter. Mais la sécurité excessive, conduit parfois à l'imprudence!

Une belle après-midi qu'on avait folâtré, égréné, avec plus de caprice et d'entrain que jamais, le chapelet de l'amour, Anna B. dit à son amant, en lui abandonnant encore une fois, ses abondantes tresses brunes.

— Oh! tout cela n'est pas assez! Une nuit, une nuit entière, chéri, toute une nuit que je passerais enlacée dans tes bras; voilà ce que je veux...

— Moi aussi je le voudrais, mais songe donc!...

— Tais-toi!...

— Songes donc si nous étions surpris!...

— Alors tu ne m'aimes pas.

Arthur céda... bien entendu.

Une heure du matin avait sonné à toutes les paroisses de la bonne ville de Paris.

Saturés de voluptés, nos amants reposaient quand tout à coup un tintement strident de la sonnette se fit entendre, et vint les arracher à leur sommeil.

— Mon oncle!

— Mon protecteur!

Laissèrent échapper en même temps, avec une égale épouvante les deux pauvrets auxquels la réalité barbare venait jouer un de ses tours les plus impitoyables.

Arthur perdait franchement la tête. Anna, moins à court d'expédients, ou,... qui sait peut-être! d'expérience poussa, en un clin d'œil, amant et autres pièces de conviction sous le lit, prête, en un nombre assez court de minutes, à comparaître devant le juge d'instruction.

Le juge d'instruction entra, — nous voulons dire le protecteur.

La soubrette, qui savait qu'elle pouvait compter sur le génie inventif de sa maîtresse, s'était bornée à retarder l'arrivée de l'ennemi.

Le comte aurait peut-être eu quelque raison de s'écrier en entrant, comme l'ogre du petit Poucet :

— Ça sent la chair fraîche !

Il se contenta d'envelopper très délibérément le beau corps de la trompeuse d'un bras passablement vigoureux, pour des bras d'un galant qui frisait la soixantaine, et peu d'instants après il s'étendait sur la couche où quelques instants plus tôt. . . .

Anna, revenue au sentiment de sa situation, prouva qu'elle était une fille sérieuse et que les sacrifices qu'elle avait faits précédemment au plaisir ne l'empêchaient pas de don-

ner encore au devoir ce qu'il pourrait juste-
ment réclamer.

Qui fut aux premières loges pour constater
cet héroïsme ?

Ce fut le malheureux vicomte confiné
sous le lit où il était réduit à jouer le rôle de
concombre.

Cependant, si quelque chose pouvait tem-
pérer le chagrin que lui causait une pareille
situation, c'était l'étonnement qu'il éprouvait
à entrevoir sous un nouveau jour, l'homme
austère et saturé de morale, qui l'avait tant
de fois sermonné.

Fichtre, il allait bien le moraliste !

Malpeste, il n'avait qu'à se mettre en
train !

— Ah, vieux sournois ! je te ferai payer
cela ! murmura silencieusement le neveu
exaspéré, chaque fois que les ressorts du
sommier laissaient entendre des gémisse-
ments désespérés.

Tout prend fin, — les extases, comme les
supplices, arrivent à leur terme les uns comme
les autres.

Et Anna qui n'était rien moins que senti-
mentale, trouva moyen après le départ de
son protecteur, de ramener les choses à une
proportion légère, en riant avec sa femme de

chambre du sort de celui qui, pendant pas mal d'heures, en avait été réduit à rester sous presse.

L'irrévérencieuse soubrette faisant allusion au genre de présent qui avait servi d'introduction au vicomte dans la maison, prétendit que « Monsieur sortait du sel ».

Devant l'hilarité de ces folles il n'y avait qu'à se fâcher ou à rire avec elle.

Le vicomte prit le dernier de ces deux partis et noya le peu de confusion qui lui restait dans une tasse de chocolat qu'on lui servit bouillante.

A quelques jours de là, c'était course à Chantilly. M. l'ambassadeur qu'une nécessité d'Etat quelconque tenait momentanément éloigné de Paris, laissait à Anna B. une liberté dont elle s'était hâtée de profiter en se laissant conduire par le neveu du diplomate sur la pelouse chère au monde du sport, dans un breack élégant que le jeune homme était allé choisir lui-même pour la circonstrnce chez Binder.

La réunion sur le turf était exceptionnellement nombreuse, brillante et animée.

Au milieu de cet entrain, de ce brio, un événement bien bizarre allait se produire.

Nous allons le raconter en peu de mots :

Pendant que le vicomte se faisait retenir au pesage par quelques amis, à propos d'une discussion sur les mérites respectifs de deux favoris de la journée. Un tout jeune homme à peine échappé du collège depuis quelques semaines, et qui en était encore à s'essayer dans le monde d'extravagances où il venait de pénétrer, grimpa à coté d'Anna sur le breack du vicomte, dit un mot à l'oreille du cocher, puis on vit le léger véhicule sortir des rangs des autres voitures qui s'étaient déjà massées à l'entour de lui, prendre du champ, s'éloigner avec une rapidité croissante et bientôt enfin disparaître.

C'était un enlèvement par mineur.

Le soir, le vicomte retrouva son breack, mais non sa maîtresse qui lui laissait pour tout adieu, ces lignes énigmatiques :

« Je pars pour l'Italie avec un de tes diminutifs . . . bon pour le vinaigre. Je veux me montrer encore une fois ton amie. Dès que ton oncle sera de retour, va donc lui demander à déjeuner et serrez-vous la main,

ANNA B... »

TABLE DES MATIERES

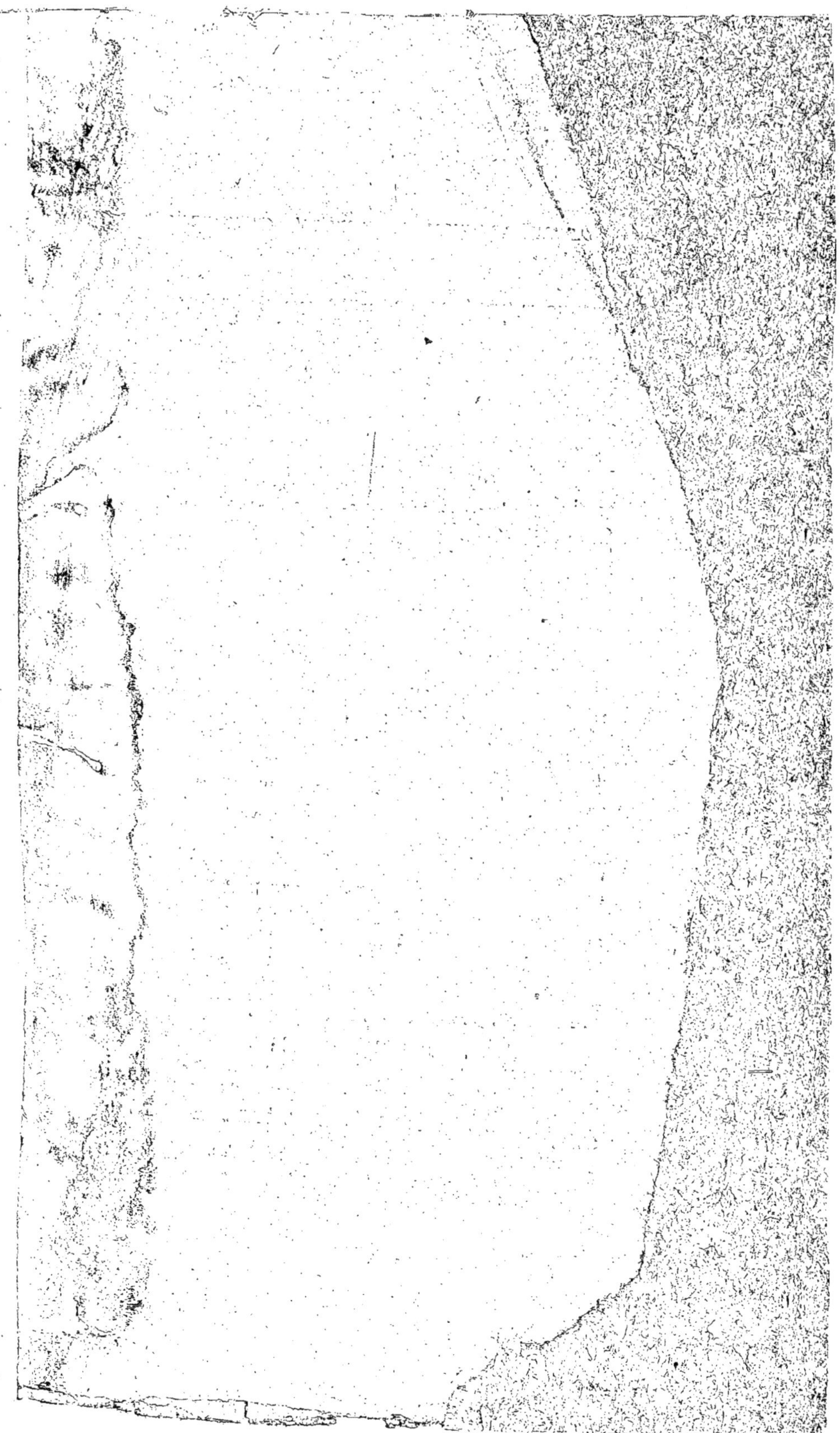